Köstlichkeiten aus aller Welt
Band 14

100 mexikanische Gerichte

von

Ilona Steckhan

1992

Dreisam Verlag, Köln

Die Deutsche Bibliothek — CIP-Einheitsaufnahme
Steckhan, Ilona
100 mexikanische Gerichte / von Ilona Steckhan. -
Köln : Dreisam-Verl., 1992
(Köstlichkeiten aus aller Welt ; Bd. 14)
ISBN 3-89452-341-7
NE: Steckhan, Ilona: Hundert mexikanische Gerichte ; GT

1. Auflage 1992
ISBN 3-89452-341-7

Satz: Hayit Verlag GmbH, Köln
Druck: Imprimerie Campin S.A. Tournai (Belgien)
Food Styling: Uwe Turek
Fotos: Studio Paletti, Köln

2.5/11.1/Hu/Km//Gj

Inhalt

Rezepte

Vorwort

Es gilt, ein interessantes, umfangreiches und erfreuliches Gebiet zu erforschen — die mexikanische Küche!
Da stehe ich nun in den verschiedensten Städten und Dörfern dieses wunderschönen Landes und überlege, wie ich die ganze Breite der mexikanischen Kochgewohnheiten erfassen soll. Aber wie immer ist bald ein hilfsbereiter Mexikaner zur Stelle. Mir werden große Haciendas, das sind große Landgüter, empfohlen, mit gepflegtem, großen Viehbestand und unübersehbaren, bestens bestellten Acker- und Weideflächen. Die Maschinenparks auf den Haciendas, einschließlich der kleinen privaten Flugzeuge, beeindrucken mich. Riesige Versuchsanlagen zur Kultivierung von Agrarprodukten lasse ich mir ausführlich erklären.
Aber da ist noch die andere Seite des Landes, die arme Bevölkerung, vor allem die Ureinwohner des Kontinents, die Indios, die fast nie auf der Sonnenseite des Lebens stehen. So wandere ich teils zu Fuß, teils in Vehikeln, die man vielleicht noch Auto nennen kann, zu Dörfern, deren Namen auf aztekisch für Europäer nur schwer aussprechbar sind. Wenn man die ersten Kontaktschwierigkeiten überwunden hat, merkt man, wie freundlich die Menschen sind! Die traditionelle Herstellung von Pulque, ein berauschendes Getränk der Maguay-Agave, wird mir gezeigt. Das Zerreiben von Mais und Chili auf dem metate, einem Mahlstein, zeigt mir eine Hausfrau vor ihrer Hütte, umgeben von Kindern und Federvieh, die die herabfallenden Reste gleich aufpicken. Liebenswerte Kleinkinder durchsuchen meinen Rucksack nach europäischen Naschereien — und mein Bleistift fliegt über das Papier!
Ich bekomme Einblicke in das Leben dieser Menschen, ich erlebe die Vielfalt der Landschaften und des Klimas und verstehe nun auch ihre Eßgewohnheiten, die Zusammenstellung ihrer Speisen.
In Queretaro bin ich Gast in einem eleganten Haus. Mir wird ein Einblick in die Küche gewährt. Beim Gespräch mit der Köchin werde ich fast mutlos.

Wie soll ich eine derartige Fülle an Rezepten aus vielerlei Fleischsorten, einem reichhaltigen Obst- und Gemüseangebot und einer fast unübersehbaren Kräutervielfalt meinen Lesern nahebringen?
Vieles ist bei uns nicht zu haben oder es ist nicht nachkochbar. Dies betrifft vor allem das Würzen mit uns unbekannten Kräutern. Eine besondere Delikatesse muß ich meinen Lesern vorenthalten, den Chapulin, den Maguaywurm. Im teuren Tequila — zum Zeichen der Echtheit — schwimmt so ein Chapulin auf dem Boden der Flasche, und im Luxusrestaurant bekommt man ihn in größeren Mengen elegant serviert.
Der Chapulin ernährt sich lediglich von der Maguay-Agave, die sein Lebensbereich ist. Daher der besondere Geschmack und die Verbindung zum Tequila, dessen Ursprung der Agavensaft ist.
Ich wünsche meinen Lesern viel Freude auf der kulinarischen Entdeckungsreise und viel Spaß beim Kochen dieser uns gar nicht so fremden Gaumenfreuden.

Baden-Baden 1991 Ilona Steckhan

Die Geschichte Mexikos und die landestypische Küche

Mexiko, ein Land vielseitig wie seine Bewohner und abwechslungsreich wie seine wechselvolle Geschichte. Mexiko — Motecuhzoma — auf nahuatl, der Sprache der Azteken, jenem Volk, das einst eine der höchsten Kulturen auf der Erde geschaffen hatte. Ein jähes Ende fanden die Reiche der Azteken, Tolteken, Mayas oder Huicholes, um nur einige zu nennen, als um 1519 der Spanier Hernando Cortez an den Küsten des heutigen Mexiko landete und das Land für die spanische Krone in Besitz nahm. Die einzigartige, blühende Hauptstadt der Azteken, Tenochtitlán mit ihren schwimmenden Gärten „Las chinampas" wurde vernichtet. Auf ihren Grundmauern errichteten die Coquistadores die heute volkreichste Stadt der Welt: Mexiko City.
Viel Interessantes brachten die Eroberer aus der „Alten Welt" mit. Aus der Verbindung alter indianischer Traditionen mit europäischem Brauchtum entstanden faszinierende Neuschöpfungen. Für die mexikanische Kultur, für Küche und Keller ist Großartiges dabei herausgekommen. Immerhin zählt die Landesküche zu den besten der Welt.
Die Vielfalt der Speisen erstaunt den Betrachter. Auch Europa profitierte von der Vielfalt, den Fauna und Flora bot. Unsere Küchen wurden bereichert durch Erdnüsse, Mais, Vanille, Kartoffeln, den unvergleichlichen Kakao, Ananas, Bananen und Truthähne, um nur einiges zu nennen.
Die regionalen Unterschiede des Kochens hängen stark von den geographischen und klimatischen Gegebenheiten ab. Hohe, zerklüftete Berge mit eisüberzogenen Vulkangipfeln, öde Wüsten und Steppen, Kakteenwälder oder der immergrüne Regenwald überraschen den Besucher.
In den Nordprovinzen wird überwiegend Weizen angebaut. Riesige Rinderherden weiden auf saftigen Wiesen. Das erklärt die große Bedeutung von Rindfleisch in der mexikanischen Landesküche. In den mittleren Provinzen wachsen große Mengen Obst und Gemüse. Schweine, Ziegen und Geflügel

werden gezüchtet. Der Golf von Mexiko im Osten begünstigt das Klima, und ebenso wie der Pazifische Ozean im Westen, ist er reich an Fischen und Schalentieren. Hier stehen delikate Fischgerichte auf dem Speiseplan. In der Provinz Jalisco, an der Pazifikküste, wurde dem Vernehmen nach zuerst der berühmte Tequila gebrannt, ein klarer Schnaps aus dem fermentierten Saft der Agave. Im Süden serviert man bevorzugt aromatische Eintöpfe, Tamales (Mehlklößchen) oder Quesedillas (gefüllte Maisfladen). Die Halbinsel Yucatan, ebenfalls reich an Meeresfrüchten, exotischem Obst und Gemüse, kennt Fische in delikater Marinade und die beliebten Panuchos (s. S. 61).
Die ersten und ältesten Maisfunde datieren aus der Zeit um 5000 v. Chr. Der Fundort liegt im Hochtal von Mexiko. Vergleicht man die prähistorischen Maisfunde (Bat cave Mais) mit den heutigen Maiskolben, so stellt man fest, daß der heutige Maiskolben größer ist, die Körner sind zahlreicher. Der Mais ist zur Kulturpflanze geworden. In Mexiko werden viele Maissorten gezüchtet. So findet man auf den Märkten den weißen, gelben, blauen, schwarzen, schwarzgesprenkelten, den „geblümten", den blutroten und den braunen Mais, die jungen Maiskölbchen und die halbreifen Maiskolben. Sorgfältig wird für die Speise die entsprechende Maissorte ausgewählt.
Ähnlich verhält es sich mit der Tomate. Auch sie stammt ursprünglich aus dem Land der Azteken und kam später nach Europa. Im Hochtal von Anáhuac wuchsen vor der spanischen Eroberung nur grüne Tomaten, die bei uns unbekannt sind. In der mexikanischen Küche werden sie auch heute zahlreich und vielseitig verarbeitet. Sie schmecken angenehm säuerlich und haben keine Fruchtflüssigkeit wie die roten Tomaten.
Cacahuatl heißt eine der begehrten, köstlichen Bohnen auf nahuatl. Daraus entstand das Wort „Kakao" und durch weitere Verfremdung das Wort „Schokolade". Die Kakaobohne kam mit der Eroberung Amerikas nach Europa. In Mexiko dient sie vielfach als Gewürz für das Getränk Atole, für Saucen, Moles (pikante Saucen) und natürlich für die Vielzahl der Kakaozubereitungen. Viele Sagen und Märchen ranken sich um den Kakaobaum und seine Frucht. Im alten Aztekenreich war der Verkauf auf den Märkten streng geregelt, und Betrug wurde hart bestraft. Tributpflichtige Stämme brachten einst das kostbare Handelsgut in das Hochtal von Anáhuac, des heutigen Mexiko City.

Gern ißt der Mexikaner Gemüse aus verschiedenen Blüten. Hier zwei Rezepte:

Juccapalmblütengemüse

Juccablüten sind hier wohl kaum erhältlich. Sie können durch Zucchiniblüten ersetzt werden. Von 100 g Juccablüten den Blütenstempel entfernen, grob zerkleinern und mit 1/4 l Fleischbrühe 3-5 Minuten dünsten. Eventuell mit etwas Mehl und Sahne binden, mit Salz und Cardamom abschmecken.

Kürbisblütengemüse

Zutaten
100 g Kürbisblüten, grob zerkleinert
1 mittelgroße Zwiebel, fein gehackt
1 Chili, entkernt und fein gewürfelt
etwas Wasser, Salz nach Geschmack

Zubereitung
Die Zwiebel und die Chiliwürfel in etwas Wasser 5 Minuten köcheln. Die grob zerkleinerten Kürbisblüten dazugeben, 2 Minuten weiter köcheln lassen, mit Salz abschmecken.
Dieses Gemüse wird besonders gern als Füllung für Tortillas verwendet.

Die Kartoffel, wie wir sie kennen, hat ihren Ursprung am Titicacasee. Ihr Ausdehnungsgebiet reichte bis Mexiko. Viele Variationen sind im Lande bekannt, aber bevorzugt wird neben der Kartoffel und ihrer Pommes Frites-Verarbeitung, die Süßkartoffel oder Batate. In einschlägigen Geschäften, auch Supermärkten, ist sie seit einiger Zeit auch bei uns zu haben.
Die Kartoffel setzte sich in Europa nur schwer durch. Als See- und Handelsleute die Knolle aus Übersee mitbrachten, wußte man wenig mit ihr anzufan-

gen. Erst Friedrich II. von Preußen ordnete um 1750 an, daß seine Bauern die Kartoffel anzupflanzen hätten. Sie gedieh hervorragend auf dem sandigen, märkischen Boden. Seitdem gehört sie bei uns neben dem Brot zu unserer alltäglichen Speise.
Dem Botaniker sind etwa 625 Kartoffelarten bekannt. Im mesoamerikanischen Raum werden neben der Speisekartoffel (solanum tuberorum) und der Batate (ipomoea batatas) auch die Knollenfrüchte Oca, Ulluca, Mashua und gelegentlich die getrocknete (dehydrierte) Kartoffel, el chuño, gegessen.
Keine Beschreibung über Mexiko, über Sitten und Gebräuche, kommt am Pulque vorbei, diesem berauschenden Nationalgetränk aus dem vergorenen Saft der Maguay-Agave. Die Mythologie weiß zu berichten, daß Quetzalcouatl, der gütige Gott, sich eines Tages mit Pulque betrank, der ihm durch eine Intrige zugespielt worden war. Beschämt verschwand Gott Quetzalcouatl um seinen Rausch auszuschlafen, und gerade, als man die Zeit seiner Rückkehr erwartete, trafen weißhäutig und spitzbärtig — wie Quetzalcouatl ausgesehen haben soll — die Conquistadores ein, und das Verhängnis begann. Nichtsdestotrotz hat die mexikanische Liebe zum Pulque die Zeit überdauert.
Die Maguay-Agave, in großen Plantagen gezüchtet, wächst auch an Wegrändern, säumt Feldhaine und schmückt Gärten. Einmal, am Ende ihres Lebens, entwickelt sie einen wunderschönen Blütenstand am hohen Stiel, der auf dem Höhepunkt der Blütezeit aus der Pflanze herausgeschlagen wird. Der Fruchtsaft, Aguamiel genannt, beginnt nach 24 Stunden zu fließen. Bis zu 15 Liter kann einer Maguay-Agave am Tag abgezapft werden, und das über Monate hinweg. Der Aguamiel schmeckt fruchtig-süß. Er gärt sehr schnell. Erst im vergorenen Zustand spricht man von Pulque. Gern wird er zum Kochen verwendet, denn er verleiht den Speisen einen pikanten Geschmack. Eines der köstlichsten Gewürze, die das großartige Land hervorgebracht hat, ist die Vanille (echte Vanille: Vanilla plantifolia). Dieses edle Gewürz gehört, wie sollte es anders sein, zur Gattung der Orchideen. Etwa 100 Arten sind der Botanik bekannt. Die Heimat der Orchidee sind die tropischen Wälder Amerikas. Die Vanille ist eine Schlingpflanze mit Luftwurzeln. Sie entwickelt in Trauben stehende, gelblich-weiße, stark duftende Blüten mit schotenähnlichen Kapselfrüchten, die bis zu 30 cm lang werden. Zu Beginn der Reife werden sie geern-

tet. Durch Trocknen und Fermentierung bekommen die Früchte eine braune Färbung. Viele Speisen, Getränke und besonders Süßspeisen und Schokolade bekommen durch die Vanille ihren unvergleichlich köstlichen Geschmack. Es ist verständlich, daß sich um diese Köstlichkeit zahlreiche Sagen und Märchen gewoben haben.
„Tlilxochil“ oder „schwarze Blume“ nannten die Azteken die köstliche Vanille, und noch vor 300 Jahren war Mexiko der einzige Vanilleerzeuger der Welt. Nur Kolobris und eine bestimmte Bienenart konnten bislang die Orchideenblüte befruchten, die nur 24 Stunden blüht. Heute wird die Vanilleblüte künstlich befruchtet. Dadurch ist der Anbau der Vanille auch in anderen Teilen der Welt möglich geworden.

Die Küchengeräte

Das Geschirr für die Küche und den Eßtisch entspricht unserer mitteleuropäischen Ausstattung. Schnellkochtöpfe und Küchenmaschinen sind meistens vorhanden. Lediglich zum Backen der Tortillas gibt es in Mexiko eine dünne Platte aus Metall oder Ton, oft mit einem Griff an jeder Seite versehen. Diese Tortilla-Platte wird in spanisch „Comal“ genannt. Der Name kommt ebenfalls aus dem Aztekischen und ist die Abwandlung von „comalli“. Die Platte wird auf dem Herd oder in der Glut erhitzt, dann werden die Tortillas beidseitig nacheinander darauf gebacken.

Der Kakaoquirl, aus Holz geschnitzt, hat mehrere lose Holzringe um seinen mittleren Stab. Damit wird das Kakaogetränk schäumend aufgequirlt. Den Kakao mit einer Schaumkrone zu trinken, geht ebenfalls auf eine aztekische Vorliebe zurück. In wohlhabenderen Haushalten wird zum Aufquirlen gewöhnlich ein elektrischer Mixstab bevorzugt.

In den ländlichen Haushalten wird noch der Mahlstein (Metate y mano) zum Zerreiben von Mais, Getreide oder getrocknetem Chili verwendet. Diese Zutaten sind aber im ganzen Land auch fertig abgepackt zu haben.

Fritiert wird in einer offenen Pfanne auf dem Herd in reichlich Öl. Besonders gut eignet sich hierfür Olivenöl.

Die Chili-Reibeschale, eine in der Regel hübsch aussehende, mittelgroße Schale aus Keramik, hat auf der Innenseite stark eingeritzte, rauhe Quadrate bildende Kerben. Der frische, nicht getrocknete Chili wird darauf zu Brei zerrieben und als Beilage zum Essen gereicht. Als Brei wird der Chili natürlich auch in den Speisen mitgekocht oder gebraten. In der mexikanischen Küche werden gerne größere Mengen von Chili verwendet.

Kleine mexikanische Gewürzkunde

Die mexikanische Küche hat eine Vielzahl von Gewürzen und Kräutern zu bieten, und entsprechend vielseitig ist ihre Anwendung. Diverse Kräuter verleihen selbst einfachsten Gerichten, ob mitgekocht, mitgebraten oder mitgebacken, einen unnachahmlichen Geschmack. Viele Kräuter helfen selbst schwerverdauliche Speisen bekömmlicher zu machen.
Leider muß man sich auf das Gewürz-Angebot in unseren Breitengraden beschränken, was jedoch den einzelnen Gerichten keinen Abbruch tut. Die Eigenart der köstlichen Gerichte bleibt dabei erhalten.

Cardamom (Elettaria cardamomum)
Cardamom ist die getrocknete Kapselfrucht der Cardamompflanze, aus der Familie der Zingiberaceae. Das eigentliche Gewürz besteht aus kleinen Samenkörnern, die in einer dreigeteilten Fruchtkapsel liegen. Mit Cardamom würzt man gern Kuchen, kleine Backwaren, Gemüse- sowie Fleischgerichte und Suppen. Unter anderem wird auch in der Curaçao-Herstellung Cardamom verwendet.

Chili (Capsicum annuum)
Die scharfen Beerenfrüchte, zu denen auch die Cayenneschote gehört, wachsen an dem Strauch der Capsicumart. Sie sind rot, grün oder goldgelb und bis zu 3-5 cm lang.
In Mexiko bedeuten Chilis die Vollendung der meisten Gerichte. Auf den Märkten des Landes steht man staunend vor der Reichhaltigkeit des Chiliangebotes. Es folgt die Beschreibung der bekanntesten Chiliarten, die es meist auch bei uns zu kaufen gibt:

Chili ancho

Chili ancho ist der gebräuchlichste seiner Art in Mexiko. Er variiert in Form, Farbe, Größe und Geschmack. Es kommt darauf an, wo und zu welcher Jahreszeit er wächst. Sein Geschmack kann mild bis sehr scharf sein.

Chili de Arbol

Übersetzt heißt Chili de Arbol „Baumchili". Die große Frucht ist leuchtend rot, ihre Haut ist weich und zart. Die Chili de Arbol-Frucht wird gern süß-sauer eingelegt oder durchpassiert (durch ein Sieb gedrückt) für Saucen verwendet. Für die Rezepte in diesem Buch wurde die Chili-Frucht durch Chilipulver ersetzt.

Chili cascabel

Seinen Namen hat der Chili cascabel von der Kinderrassel, denn in seinem Inneren rasseln die Kerne. Die Schote ist schmal und rund. Manchmal wird sie in türkischen Gemüsegeschäften angeboten. Der Geschmack ist von erträglicher Schärfe.

Chili chipotle oder Chili chipocle

Chili chipotle ist Chili jalapoño in Streifen geschnitten, getrocknet und anschließend geräuchert. Vom Räuchern wird er bräunlich, und seine Haut wird runzlig.

Getrockneter Chili

Getrocknete Chilis sind sehr kleine, sehr scharfe rote Früchte, die man wegen ihrer Schärfe sehr vorsichtig verwenden sollte. Für Saucen, Fleisch- und Fischgerichte zerreibt man sie am besten im Mörser.

Grüner Chili

Grüner Chili ist dem uns bekannten Paprika ähnlich und wird oftmals als Gemüse oder als vollwertiges Gericht, wie „Gefüllte Chilis mit Hackfleisch", zubereitet.

Chili guajillo
Chili guajillo ist ein langer gepunkteter Chili mit rotbrauner, glatter und zäher Haut. Er wird zum Binden von Saucen verwendet oder als Gemüse zubereitet. Zuvor sollte er wegen seiner zähen Haut einige Stunden eingeweicht werden.

Chili jalapoño
Chili jalapoño ist klein, dunkelgrün und rundlich mit weicher Haut. Sein Geschmack ist frisch und pikant. Mit Gewürzen eingelegt, schmeckt er delikat. In Streifen geschnitten und mit Gewürzen gekocht, wird er zu Tamales, den Mehlklößen, gereicht. Dann heißt er Nopales.

Chilipulver
Gemahlener Chilipfeffer, der aus kleinen Chilischoten hergestellt wird, nennt man Cayennepfeffer (Capsicum frutescens). Da er außergewöhnlich scharf ist, kann er nur sehr sparsam verwendet werden. In Texas, im Jahre 1835, erfanden englische Siedler eine Würzmischung aus Chilipfeffer und Oregano (in manchen Gegenden auch Dost genannt), was nachweislich das erste Chilipulver war. Wahrscheinlich hatten die Azteken lange vor dieser Zeit schon eine ähnliche Würzmischung verwendet. Bernardino de Sahagun, Franziskaner-Mönch und Ethnologe, berichtete ausführlich über die Eßgewohnheiten der Azteken. Er kam ca. 1529 nach Mexiko.
Heute enthält Chilipulver außer Chilipfeffer und Oregano noch Anteile anderer Paprikaarten sowie Kreuzkümmel, Nelken, Piment und Zwiebelpulver.

Koriander (Coriandrum sativum)
Koriander, eines der ältesten Gewürze, die wir kennen, ist bei uns auf den Märkten und in Fachgeschäften zu bekommen. Er schmeckt intensiv, jedoch leicht süßlich, und wird deshalb in der Küche gern und oft verwendet. Der Gartenkoriander ist ein 30-60 cm hohes, einjähriges Kraut mit weißen Blüten in Doldenform. Die Früchte sind kugelig und von rotbrauner Farbe. Aus den Früchten wird ätherisches Öl gewonnen. Es findet vielseitige Verwendung in der Parfümindustrie.

In der Volksheilkunde findet der Koriander als verdauungsförderndes Mittel Anwendung, zudem wirkt er antiseptisch. In früheren Jahrhunderten nahm man Koriander auch zur Ungezieferbekämpfung.

Knoblauch (Allium sativum)
Knoblauch ist aus der mexikanischen Küche nicht wegzudenken. Man bekommt ihn das ganze Jahr über angeboten. Frischen Knoblauch gibt es im Juli und August zu kaufen. Er ist milder im Geschmack als der halbgetrocknete Chili. Gebraten oder gekocht verliert er etwas an seinem intensiven Geschmack und Geruch.
Häufig ist in den Rezepten „durchgepreßt" angegeben. Dazu benötigt man die überall erhältliche Knoblauchpresse aus Metall. Zum Durchpressen muß die Knoblauchzehe nicht unbedingt geschält werden.
Der Knoblauch gehört zur Gattung der Liliengewächse. Er wird etwa 1 m hoch und hat einen doldigen Blütenstand. Die ursprüngliche Heimat des Knoblauchs ist Asien. Heute wird er auf allen Kontinenten angebaut.
Als Heilpflanze wird Knoblauch auf Grund seines hohen Gehaltes an Alliin bei Arteriosklerose, hohem Blutdruck, Darmkatarrh sowie bei Leber und Gallenleiden angewendet.

Muskatblüte (Myristica fragans)
Muskatblüte ist der getrocknete Samenmantel — nicht die Blüte — des Muskatnußbaumes. Unter der Fruchthülle der Muskatnuß (Myristica fragans) liegt der Samenmantel. Durch Trocknen wird er gelblich-bräunlich. Die Muskatblüte schmeckt milder als die Muskatnuß. Gern werden mit diesem Gewürz Wild, Geflügel, Gemüse und Backwaren abgeschmeckt.

Nelke (Caryophyllus aromaticus)
Um 200 n. Chr. wird die Gewürznelke erstmals in einem Zolltarif von Alexandria/Ägypten erwähnt. In der mexikanischen Küche wird die Nelke, das Nelkenpulver und auch der Nelkenpfeffer gern und oft reichlich verwendet.
Der Gewürznelkenbaum, ein immergrünes Gewächs von ca. 20 m Höhe, wächst am besten im feuchtheißen Seeklima. Er gehört zur Familie der Myr-

tengewächse. Die nach der Ernte rötlichen Nelken verfärben sich beim Trocknen dunkelbraun.
Das intensive Aroma der Nelke paßt besonders gut in die Geschmacksrichtung der pikanten Sauce, der Mole. Auch dem Kaffee gibt man mitunter zur Geschmacksverfeinerung etwas Nelkenpulver zu. In der Medizin wird das Nelkenöl als Magenmittel und Antiseptikum verwendet. Die Zahnmedizin kommt ohne Nelkenöl nicht aus (Eugenol). Ebenso unverzichtbar ist es bei der Likörherstellung.

Rosmarin (Rosmarinus officinalis)
Als Rosmarin-Gewürz dienen die während der Blüte gesammelten und getrockneten Blätter des immergrünen Halbstrauches. Der Rosmarinstrauch trägt blaue Blüten. Rosmarin gilt in vielen Ländern als heilig. Der Geschmack der getrockneten Würzblätter ist intensiv und stark aromatisierend. Er paßt gut zu allen gebratenen Fleischsorten, besonders zu den in den mittleren Gebieten des Landes vorwiegenden Ziegen- und Schaffleischgerichten.

Safran (Crocus sativus)
Die Gewürz- und Farbdroge Safran besteht aus den getrockneten Blütennarben der Safranpflanze. Sie gehört zur Familie der Krokusse. Der etwa 10 cm lange Griffel, der aus der Safranblüte wächst, hat am oberen Ende eine dreigeteilte braunrote Narbe. Sie wird bei der Ernte abgezwickt und getrocknet. Die sehr kräftige, gelbe Farbe des Safrans läßt Backwaren und manche Reisgerichte appetitlich aussehen. Sein Geschmack ist weniger intensiv. Unerläßlich ist Safran bei der Paella, die in Mexiko ebenso beliebt ist wie in Spanien.

Tabascosauce
Die Tabascosauce trägt ihren Namen nach dem mexikanischen Staat Tabasco. Sie besteht fast ausschließlich aus Chilis (Cayenne- oder Chilipfeffer). Kalte und warme Speisen, auch Cocktails würzt man gern mit ein oder zwei Spritzern Tabasco.

Foto:

Hühnerbouillon mit Mandeln und Zitronenscheiben

Rezept siehe S. 24

Zimt (Cinnamomum zeylanicum)
Zimt gehört zu den ältesten Gewürzen der Welt. Um 2800 n. Chr. wird er in einem chinesischen Kräuterbuch erstmals erwähnt. Der Zimtbaum, strauchartig beschnitten und auf einer Höhe von ca. 2,50 m gehalten, gehört der Familie der Lorbeergewächse an. Die getrocknete Innenrinde kommt in den Handel und verleiht vielen Speisen und Getränken den besonderen Geschmack. Mexiko hat mit den höchsten Zimtverbrauch der Welt.

Nüsse, Kerne, Mandeln
Mexiko bietet viele Arten von Kernen und Nüssen. Walnüsse, Erdnüsse, Kürbiskerne, Sonnenblumenkerne, Pinienkerne, Sesamkerne und Mandeln werden in der mexikanische Küche auf vielerlei Art zubereitet. Ohne Mühe sind diese Nußarten auch bei uns erhältlich. Alle Nußarten sind stark ölhaltig, daher werden sie schnell ranzig. Es empfiehlt sich, nur kleine Mengen zu kaufen, die alsbald verbraucht werden sollten.

Suppen

Avocadosuppe

Die Avocadosuppe war schon bei den Azteken bekannt und ist in Mexiko heute noch sehr beliebt. Sie kann auch kalt gegessen werden, dann sollte die Geflügelbrühe vorher entfettet werden.

Zutaten
1 l Geflügelbrühe
Salz und Pfeffer
150 g gemahlene Sonnenblumenkerne (Mixer)
1 Becher süße Sahne (125 g)
4 weiche Avocados, entsteint und geschält

Zubereitung
Die Geflügelbrühe erhitzen, mit Salz und Pfeffer abschmecken. Die Sonnenblumenkerne und die süße Sahne unterrühren. Drei Avocados mit der Gabel zerdrücken und der Suppe zufügen. Gut umrühren. Eine Avocado würfeln und unter die Suppe heben. Nach dem Zufügen der Avocados darf die Suppe nicht mehr kochen.

Für 4 Personen
Vorbereitungszeit: 20 Minuten
Zubereitungszeit: 15 Minuten

Erdnußsuppe

Die Erdnuß ist eine einjährige südamerikanische Kulturpflanze. Vielseitig brauchbar und nahrhaft, findet sie in Mexikos Küchen vielfache Verwendung.

Zutaten
500 g Kalbfleisch
2 mittelgroße Zwiebeln, fein gehackt
Salz und Pfeffer
ca. 1 1/2 l Wasser
2 rote Paprikaschoten, fein gewürfelt
2 mittelgroße Chilis, entkernt und in feine Ringe geschnitten
125 g gemahlene Erdnüsse
80 g Erdnußbutter

Zubereitung
Das Kalbfleisch fein schneiden, mit Zwiebeln, Salz und Pfeffer im Wasser ca. 40 Minuten garen. Paprika und Chilis zufügen und weitere 10 bis 15 Minuten köcheln lassen. Vom Herd nehmen und die gemahlenen Erdnüsse sowie Erdnußbutter unterziehen. Durchziehen lassen.

Für etwa 4 Personen
Vorbereitungszeit: 15 Minuten
Kochzeit: 60 Minuten

Garnelensuppe

Die langen Küsten des Landes garantieren großen Fischreichtum. So entstanden in Mexiko viele Fischgerichte.

Zutaten

1 große Zwiebel, gewürfelt
3 Knoblauchzehen, zerdrückt
4 EL Öl
1 mittelgroße Chili, entkernt und in feine Ringe geschnitten
500 g Fischfilet
3 mittelgroße Kartoffeln, geschält und gewürfelt
1 1/2 l Bouillon (evtl. Bouillonwürfel auflösen)
300 g Maiskörner aus der Dose
200 g feine grüne Erbsen aus der Dose
125 g Rahmkäse (Frischkäse)
1/2 l Milch
4 Eier
500 g Garnelen, gekocht oder aus der Büchse
Salz, Pfeffer, Majoran

Zubereitung

In einem großen Topf die Zwiebeln und den Knoblauch im Öl andünsten. Den Chili und das gewürfelte Fischfilet dazugeben, ebenso die Kartoffeln. Mit der Bouillon auffüllen und 15 bis 20 Minuten köcheln lassen. Dann den Mais dazugeben sowie die Erbsen und die Gewürze. In der Milch die Eier und den Rahmkäse verquirlen und zur Suppe gießen. Die Garnelen dazugeben und aufkochen lassen. Heiß servieren.

Für ca. 6 Personen
Vorbereitungszeit: 25 Minuten
Kochzeit: 35 Minuten

Gazpacho

Der Ursprung der Gazpacho läßt sich heute nicht mehr genau feststellen. Diese köstliche, kalte Suppe ist in Mexiko genauso beliebt wie in Spanien. Zudem ist sie kalorienarm und kann einige Tage kühl aufbewahrt werden.

Zutaten
2 Fleischtomaten, enthäutet und grob gewürfelt
1 Salatgurke, geschält und grob gewürfelt
1 mittelgroße Zwiebel, grob gewürfelt
1 Chili, entkernt und grob gewürfelt
1/2 Flasche Tomatensauce
4 Knoblauchzehen
4 EL Olivenöl
Saft 1/2 Zitrone
1/2 TL Tabasco
Salz und Pfeffer
1 Bund Schnittlauch, fein gehackt
1/2 l Hühnerbrühe, entfettet

3 Scheiben Kastenweißbrot, gewürfelt
3 EL Olivenöl

Zubereitung
Alle Zutaten, bis auf den Schnittlauch, im Mixer pürieren und abschmecken. Die Gazpacho soll sehr pikant schmecken und nicht zu dünnflüssig sein. In einer Pfanne mit Öl die Brotwürfel knusprig rösten. Über die gut gekühlte und in Suppentassen servierte Gazpacho verteilen, ebenso den Schnittlauch.

Für 4 bis 5 Personen
Vorbereitungszeit: 30 Minuten
Röstzeit für die Brotwürfel: 7 Minuten

Gemüsesuppe mexikanisch

Zutaten
500 g Rindfleisch (Kochfleisch)
2 l Wasser
1 große Fleischtomate, enthäutet und gewürfelt
1 große Zwiebel, fein gehackt
3 Knoblauchzehen, zerdrückt
1 Chili, entkernt und in feine Ringe geschnitten
2 große Kartoffeln, geschält und gewürfelt
1 Zucchini, gewürfelt
300 g Weißkohl, fein geschnitten und überbrüht
3 große Möhren, geputzt und in Scheiben geschnitten
3 Stengel Staudensellerie, gesäubert und in Stückchen geschnitten
300 g Mais aus der Dose
reichlich gehackte Petersilie zum Garnieren

Zubereitung
Das Rindfleisch in mundgerechte Stücke schneiden und im Wasser ca. 40 Minuten kochen. Jetzt alle Zutaten, bis auf den Mais, dazugeben und weitere ca. 20 Minuten köcheln lassen. In den letzten 2 Minuten den Mais dazugeben. Vor dem Servieren mit reichlich Petersilie garnieren.

Für 6 bis 7 Personen
Zubereitungszeit: 30 Minuten
Garzeit: 60 Minuten

Hühnerbouillon

Die schmackhafte Bouillon eignet sich vorzüglich als „Zwischendurchgericht“ und kann auch mit einer Käsestange gereicht werden.

Zutaten
2 Eigelbe
1/2 l Hühnerbrühe
1 Becher saure Sahne
Salz und Pfeffer
3 EL trockener Sherry
1 EL Basilikum

Zubereitung
In einem Topf unter kräftigem Schlagen die Eigelbe mit der Hühnerbouillon zum Kochen bringen. Nur einmal aufkochen lassen. Kräftig weiterschlagen, dabei den Becher saure Sahne zufügen. Mit Salz, Pfeffer und Sherry abschmecken. Nochmals kurz erhitzen, aber nicht kochen. In Suppentassen servieren und mit Basilikum bestreuen.

Für ca. 3 Suppentassen
Zubereitungszeit: 15 Minuten

Hühnerbouillon mit Mandeln und Zitronenscheiben

Diese Suppe eignet sich vorzüglich als Einstieg zu einem Menü mit verschiedenen Gängen.

Zutaten

1 Suppenhuhn, kochfertig vorbereitet
3 Knoblauchzehen
1 Bund Suppengrün
1 1/2 — 2 l Wasser
Salz

1 Selleriestange mit Blättern, in Stücke geschnitten
100 g geraspelte Mandeln
50 g Erdnußbutter
1 Fleischtomate, enthäutet und gewürfelt
1 Chili, mit Kernen gehackt
Pfeffer, Muskatnuß
ungespritzte Zitronenscheiben als Einlage

Zubereitung

Das Huhn mit den Zutaten kochen, erkalten lassen, enthäuten und entbeinen. Die Hälfte in kleine Stückchen schneiden, beiseite stellen. Die andere Hälfte in den Mixer geben. In einer Pfanne Sellerie und Mandeln in der Erdnußbutter andünsten, Tomate und Chili dazugeben, kurz durchbraten, ebenfalls in den Mixer geben, dazu etwas von der Hühnerbouillon beigeben und kurz durchmixen. Es können noch kleine Stückchen vorhanden sein. Das Ganze zur Hühnerbouillon geben, aus der vorher das Suppengrün und der Knoblauch entfernt wurden. Die Hühnerfleischstückchen zur Bouillon geben, nochmals erhitzen, mit Pfeffer und Muskatnuß abschmecken. In Suppentassen servieren, je eine Zitronenscheibe obenauf legen.

Für 5 bis 6 Personen
Vorbereitungszeit: 20 Minuten
Kochzeit: 70 Minuten, wenn kein Schnellkochtopf verwendet wird.

Hühnersuppe mit Käse

Zutaten

Für die Bouillon:
1 großes Suppenhuhn
1 Zwiebel, geviertelt
2 Möhren, geputzt und in Stücke geschnitten
1 TL Salz
1 TL Pfeffer
je 3 Stengel Petersilie und Koriander oder entsprechendes Trockengewürz
Wasser

Für die Suppe:
3 rote Paprika, geviertelt, entkernt und in feine Streifen geschnitten
1 Zwiebel, geviertelt und in dünne Streifen geschnitten
400 g Kichererbsen
Pfeffer und Salz nach Geschmack
300 g Parmesankäse, gerieben
2 Avocados, geschält, entkernt und gewürfelt, zum Garnieren

Zubereitung

In einem großen Topf das Huhn mit den Zutaten in soviel Wasser zum Kochen bringen, daß das Huhn bedeckt ist (etwa 1 — 1 1/4 l). Eine Stunde kochen, bis das Huhn gar ist. Aus der Bouillon nehmen, beiseite stellen. Die Bouillon etwas einkochen lassen. Paprika, Zwiebel, Kichererbsen, Salz und Pfeffer ca. 20 Minuten köcheln lassen. Dann den Parmesankäse unterrühren. Das Huhn in mundgerechte Stücke schneiden, doch sollte es zuvor enthäutet und entbeint werden. Der Suppe zufügen, in Suppentassen servieren und dazu mit den gewürfelten Avocados garnieren.

Für 6 bis 7 Personen
Zubereitungszeit: 25 Minuten
Garzeit: 60 Minuten, wenn kein Schnellkochtopf verwendet wird

Hühnersuppe mit Nüssen

Huhn und Hähnchen sind das am meisten gegessene Geflügel in Mexiko. Eine Vielzahl von Geflügelrezepten hat die mexikanische Hausfrau kreiert.

Zutaten
1 kleines Huhn
1 l Wasser
1 große Kartoffel, geschält und gewürfelt
1 große Zwiebel, fein gehackt
3 EL Margarine
3 EL Walnüsse, grob zerkleinert
1 Becher Sahne (200 g)
Salz und Pfeffer nach Geschmack
Korianderblätter zum Garnieren

Zubereitung
Das Huhn ca. 1 Stunde im Wasser garen, auskühlen lassen, enthäuten und entbeinen. In mundgerechte Stücke zerlegen. In der Bouillon die Kartoffelstücke köcheln lassen. Das Fett in einer Pfanne zerlaufen lassen, die Zwiebel und die Nüsse darin andünsten. Im Mixer mit der Hälfte des Hühnerfleisches pürieren, evtl. mit etwas Bouillon auffüllen. Der ersten Bouillon wieder beifügen, ebenso das restliche Hühnerfleisch dazugeben. Den Becher Sahne zufügen. Mit Salz und Pfeffer abschmecken. Kurz aufkochen lassen. Die Korianderblätter von den Stengeln zupfen, säubern und die Suppe damit garnieren.

Für 5 Personen
Zubereitungszeit: 15 Minuten
Garzeit: 60 Minuten, wenn kein Schnellkochtopf verwendet wird

Kartoffelsuppe

Zutaten

3 EL Öl
2 Zwiebeln, gewürfelt
1 l Bouillon (evtl. Bouillonwürfel auflösen)
2 EL Mehl
3 große Kartoffeln, geschält und gewürfelt
1/2 l Milch
300 g feine, grüne Erbsen aus der Büchse
3 Eier
125 g Rahmkäse (Frischkäse)
2 Avocados, geschält und gewürfelt, zuvor entkernt
Salz und Pfeffer nach Geschmack
1 TL Safranfäden

Zubereitung

Im Öl die Zwiebeln anbräunen, mit dem Mehl eine Einbrenne herstellen, d.h. das Öl erhitzen, das Mehl einstreuen und leicht angebräunt in die vorbereitete Bouillon gießen. Aufkochen lassen. Die Kartoffeln dazugeben und 15 Minuten köcheln lassen. Jetzt kommen die Milch und die abgetropften Erbsen dazu. Die Eier mit dem Käse verrühren. Um es cremiger zu gestalten, etwas Milch oder Bouillon dazugeben und in die Suppe laufen lassen. Aufkochen. Safranfäden dazu und mit Salz und Pfeffer abschmecken.
Vor dem Servieren die Avocadowürfel unterheben.

Für 5 bis 6 Personen
Vorbereitungszeit: 20 Minuten
Kochzeit: 30 Minuten

Lauchsuppe

Zutaten
2 EL Erdnußbutter
2 EL Erdnußöl
500 g Lauch, gewaschen und in 1 cm große Stücke geschnitten
4 EL Petersilie, grob gehackt
3/4 l Hühnerbrühe, evtl. Bouillonwürfel auflösen
5 Eier, hart gekocht und gepellt
Salz, Pfeffer, Majoran nach Geschmack

Zubereitung
Erdnußbutter und Erdnußöl in einem Topf zerlaufen lassen. Den Lauch und die Petersilie ca. 5 Minuten darin andünsten. Mit 1/2 l Hühnerbrühe auffüllen und 15 Minuten leicht kochen lassen.
Die Eigelbe von den Eiweißen trennen.
Die Eigelbe mit der restlichen Hühnerbrühe verquirlen, das Eiweiß schlagen. Beides zur Suppe geben. Mit den Gewürzen abschmecken und aufkochen lassen. Heiß servieren.
Man kann die Suppe, in Portionstassen serviert, zuvor mit einigen Croutons, in Fett angebräunte Weißbrotwürfel, garnieren oder mit frisch gebackenen Tortillastückchen.

Für ca. 4 Personen
Zubereitungszeit: 15 Minuten
Kochzeit: 30 Minuten

Suppe mit Bohnenbrei

Der Bohnenbrei ist ein fester Bestandteil der mexikanischen Küche. Er kommt bei der armen Bevölkerung des Landes häufig schon morgens auf den Tisch.

Zutaten
400 g braune Bohnen aus der Dose (Kidneybohnen)
1 Becher süße Sahne (125 g)
150 g Speck, fein gewürfelt
1 1/2 l Bouillon, evtl. Bouillonwürfel auflösen
1 kleine getrocknete Chili, im Mörser zerrieben
1 TL rote Chilisauce
200 g gekochter Reis
Majoran nach Geschmack

Zubereitung
Die Bohnen pürieren und die Sahne unterheben. Beiseite stellen. Den Speck zerlassen; er sollte sehr braun werden. Die Bouillon erhitzen, Speck und Chili dazugeben, ebenso den Reis und das Bohnenpüree. Kurz aufkochen, vom Herd nehmen, mit Majoran abschmecken und durchziehen lassen.

Für 4 bis 5 Personen
Vorbereitungszeit: 25 Minuten
Kochzeit: 10 Minuten

Saucen, Moles, Vorspeisen, Eierspeisen

Mexikanisches Chutney

Das Chutney hat seinen Siegeszug rund um den Erdball angetreten. Es ist eine Würzsauce aus zerkleinerten, aber nicht passierten Früchten. Es wird als Beigabe gereicht zu Fisch, Geflügel, Fleisch und Wild. Das Chutney soll süß-sauer schmecken.

Zutaten
600 g Mangos
600 g Orangen
400 g Zwiebeln
100 g Rosinen
4 Knoblauchzehen, fein gewürfelt
300 g Rohrzucker
1/4 l Weinessig
2 Chilis, fein gewürfelt
2 TL Pfefferminzblätter, fein gehackt
1 TL Salz
evtl. etwas Wasser

Zubereitung
Die Mangos schälen, entkernen, würfeln. Die Orangen schälen und würfeln. Die Zwiebeln schälen und fein würfeln. Die Zwiebeln mit der Hälfte des Essigs so lange kochen, bis sie glasig sind. Die Mangowürfel, Orangenwürfel, Chiliwürfel und die Rosinen dazugeben, gut umrühren, aufkochen lassen. Jetzt den restlichen Essig, den Zucker und das Salz dazu und 20 Minuten köcheln lassen, bis die Früchte weich sind und zerfallen. Eventuell kann et-

was Wasser angegossen werden. Das Chutney soll jedoch nicht zu flüssig werden.
Vom Feuer nehmen, die Pfefferminzblättchen unterrühren und zur Aufbewahrung in verschließbare Gläser füllen, die im Kühlschrank oder einem anderen kühlen Ort aufbewahrt werden können.

Die Menge ergibt ca. 1 Liter Creme
Vorbereitungszeit: 20 Minuten
Kochzeit: 20 Minuten

Mole „Anáhuac“

Moles sind pikante Saucen, die mit Schokolade oder Kakaopulver zubereitet werden. Eine Indianerin soll zur Zeit der spanischen Conquistadores einem Spanier voll Ärger eine Sauce zubereitet haben, in die sie alles Verfügbare hineingeschüttet hat, neben scharfen Gewürzen auch die Schokolade, ohne zu ahnen, daß daraus eine der geschmacklich interessantesten Saucen entstanden war.

Zutaten
2 eingelegte grüne Chilis, in Stücke geschnitten
1 kleine getrocknete Chili, im Mörser zerstampft
1 mittelgroße Zwiebel, grob zerkleinert
3 große Fleischtomaten, enthäutet und in Stücke geschnitten
3 Knoblauchzehen
100 g Rosinen
2 EL Sesamkerne
2 EL Kürbiskerne
1/2 EL Anissamen
6 grüne Pfefferkörner, im Mörser zerstampft
1/2 EL Nelkenpulver
1 Scheibe Kastenweißbrot, zerkleinert
1/2 l Hühnerbrühe
2 EL Butter
5 EL halbbittere Kochschokolade, geraspelt

Zubereitung
Alle Zutaten, bis auf die letzten drei, im Mixer pürieren. In einem Topf die Butter zerlassen, das Püree dazugeben und etwa 10 bis 15 Minuten köcheln lassen. Es soll eine Creme entstehen. Vom Herd nehmen und die Kochschokolade unterziehen.

Ergibt ca. 6 bis 7 Tassen
Zubereitungszeit: 20 Minuten
Kochzeit: 20 Minuten

Foto:
Huitlacoche con calabacitas Estilo Querétaro
Mais-Pilze-Zucchini-Gericht
Rezept siehe S. 69

Mole „Mexiko City“

Zutaten

3 Knoblauchzehen, geschält
1 mittelgroße Zwiebel, geschält, grob zerschnitten
2 mittelgroße Fleischtomaten, enthäutet, grob zerschnitten
1 große rote Chili, in Stücke geschnitten
100 g Rosinen
100 g Mandelsplitter
1/2 TL Zimtpulver
1/2 TL Nelkenpulver
1/2 TL Korianderpulver
2 EL Sonnenblumenkerne
1 Scheibe Kastenweißbrot oder 1 Tortilla in Stücke gebrochen
2 EL Butter
1/2 l Hühnerbrühe
4-5 EL halbbittere Kochschokolade, geraspelt

Zubereitung

Alle Zutaten, bis auf die letzten drei, im Mixer pürieren. In einem Topf die Butter zerlassen und das Püree einfüllen. Die Hühnerbrühe dazu (evtl. einen Bouillonwürfel auflösen).
Die Mole 10 bis 15 Minuten köcheln lassen. Es soll eine Creme entstehen. Den Topf vom Herd nehmen und die Schokolade in der Creme verrühren.

Ergibt ca. 6 Tassen
Vorbereitungszeit: 20 Minuten
Kochzeit: 20 Minuten

Mole mit Oliven

Zutaten
1 große grüne Chili, in Stücke geschnitten
3 Knoblauchzehen
10-15 Oliven, entkernt
100 g Mandelsplitter
1/2 TL Kümmelpulver
1/2 TL Salz
1/2 TL Zimtpulver
1 1/2 Scheiben Kastenweißbrot oder 1-2 Tortillas, in Stücke gebrochen
1/2 l Hühnerbrühe
2 EL Butter
4-5 EL halbbittere Kochschokolade, geraspelt

Zubereitung
Alle Zutaten, bis auf die letzten zwei, im Mixer pürieren. In einem Topf die Butter zerlaufen lassen, das Püree langsam einlaufen und 10 bis 15 Minuten köcheln lassen.
Es soll eine Crème entstehen. Vom Herd nehmen und die Schokoladenraspeln unterziehen. (Statt der Hühnerbrühe kann auch ein Bouillonwürfel aufgelöst werden.)

Ergibt ca. 5 Tassen
Vorbereitungszeit: 20 Minuten
Kochzeit: 20 Minuten

Salsa Ranchera — Farmersauce

Die Salsa Ranchera ist eine traditionelle Sauce, wie sie seit jeher von Farmern bevorzugt wird. Auf eine Tortilla wird ein Spiegelei gelegt. Das Ganze wird reichlich mit Sauce übergossen.

Zutaten
500 g Tomaten, grob zerkleinert
2 rote Chilis, Kerne entfernt und grob zerkleinert
2 Knoblauchzehen
1 mittelgroße Zwiebel, grob zerkleinert
2 EL Erdnußöl
Salz nach Geschmack
Wasser

Zubereitung
Die Tomaten, die Chilis, den Knoblauch und die Zwiebel in etwas Wasser 7 Minuten köcheln lassen. Vom Herd nehmen, etwas auskühlen lassen und dann pürieren.
Das Erdnußöl zum Abrunden zugeben, mit Salz abschmecken. Die Sauce soll dickflüssig sein.

Die Menge ergibt ca. 4 Tassen
Zubereitungszeit: 15 Minuten
Kochzeit: 15 Minuten

Tomatensauce

Tomaten haben mannigfache Verwendung in der Küche Mexikos. Zur Tomatensauce werden oftmals die grünen, säuerlich schmeckenden Tomaten verarbeitet, die bei uns leider unbekannt sind.

Zutaten
1 kg Tomaten
5 Knoblauchzehen
3 EL feines Öl
3 EL Korianderblätter, fein gehackt
3 Spritzer Tabasco
Salz und Pfeffer

Zubereitung
Die Tomaten mit dem Knoblauch im Mixer pürieren. Das Öl und die übrigen Zutaten unterrühren, mit Salz und Pfeffer abschmecken. Sollte die Sauce zu dick werden, kann sie mit etwas Wasser oder entfetteter Bouillon verdünnt werden.

Die Menge ergibt ca. 6-7 Tassen
Zubereitungszeit: 20 Minuten

Guacamole

Die Guacamole ist ein sehr beliebtes Avocadopüree, das schon bei den Azteken begehrt war. Man kann Tortillas damit füllen oder Brötchen als Snack dick damit bestreichen. Auch zu Geflügel, besonders zu Truthahn, ist die Guacamole beliebt.

Zutaten
2 Fleischtomaten, enthäutet, fein gewürfelt
2 mittelgroße Zwiebeln, sehr fein gewürfelt
2 Knoblauchzehen, zerdrückt
2 getrocknete Chilis, im Mörser fein zerrieben
4 Avocados
Salz und Pfeffer
1/2 TL Korianderpulver
2 EL Öl
Saft einer Zitrone

Zubereitung
In einer Schüssel alle Zutaten, bis auf die Avocados, gut verrühren. Die Avocados halbieren, Kern entfernen und das Fruchtfleisch aus der Schale lösen. Mit der Gabel pürieren und zu den übrigen Zutaten geben. Durchziehen lassen.

Für 4 Personen
Zubereitungszeit: 25 Minuten

Avocados mit Krabbenfüllung

Zutaten

3 Avocados, halbiert und entsteint
4 EL Mayonnaise
1 EL Chilisauce
3 Koblauchzehen, zerdrückt
150-200 g Krabben
2 EL Zitronensaft

Zubereitung

Die Mayonnaise mit den anderen Zutaten (mit Ausnahme des Zitronensaftes) vermengen und eine Stunde durchziehen lassen.
Die vorbereiteten Avocados mit etwas Zitronensaft beträufeln, damit sie nicht braun werden.
Kurz vor dem Servieren die Avocadohälften mit der Krabbenmayonnaise füllen und mit einem Salatblatt garnieren.

Für 6 Personen
Zubereitungszeit: 20 Minuten, ohne Ruhezeit

Avocado-Salatschüssel

Mexiko ist das Land der Avocados. Schon frühe Indianerstämme haben diese kalorien- und vitaminreiche Frucht geschätzt und ihr geheime Wunder- und Heilwirkung nachgesagt.

Zutaten
1 Kopfsalat
2 Avocados, entkernt und geschält
1 große rote Zwiebel, in feine halbe Ringe geschnitten
4 EL Olivenöl
3 EL Weinessig
3 Spritzer Tabasco
Salz

Zubereitung
Den Kopfsalat waschen und in mundgerechte Stücke zupfen. In eine große Schüssel geben. Die Avocados grob würfeln. Alle Zutaten zum Salat geben, nach Geschmack salzen und vorsichtig umwenden.

Für 5 bis 6 Personen
Zubereitungszeit: 20 Minuten

Avocado-Wurst-Dip

Zum Aperitif reicht man gern den folgenden Dip mit Kartoffelchips oder kleinen Tortillas. Fleischwurst ist in Mexiko unbekannt. Dort wird zu diesem Dip eine landesübliche Wurst verwendet.

Zutaten
2 Avocados
2 EL Zitronensaft
1/2 TL scharfer Senf
3-4 Tropfen Tabasco
1 mittelgroße Zwiebel, sehr fein gehackt
1 mittelgroße Fleischtomate, enthäutet und püriert
200 g Fleischwurst, sehr fein gewürfelt
evtl. etwas Salz

Zubereitung
Die Avocados halbieren, entkernen, schälen und mit einer Gabel fein zerdrücken, mit Zitronensaft beträufeln. Die übrigen Zutaten verrühren und das Avocadopüree zufügen. Der Dip kann noch mit Salz abgeschmeckt werden. Eine halbe Stunde gut durchziehen lassen.

Für 4 bis 5 Personen
Zubereitungszeit: 30 Minuten, ohne Ruhezeit

Bohnensalat mit Thunfisch

In der Regel wird in Mexiko frischer Thunfisch, der gekocht wird, verwendet.

Zutaten
2 mittelgroße Äpfel, geschält, entkernt und geraspelt
250 g Thunfisch aus der Dose, falls er nicht frisch zu haben ist
1 Zwiebel, fein gehackt
1 grüne Chili, halbiert und in feine halbe Ringe geschnitten
400 g Kidney-Bohnen aus der Dose, gut abgetropft
Pfeffer und Salz
Saft einer halben Zitrone
3-4 EL Öl

Zubereitung
Alle Zutaten in einer entsprechenden Schüssel gut vermengen und eine Stunde ruhen lassen.

Für 4 Personen
Zubereitungszeit: 30 Minuten

Chili-Käse-Dip

Der Chili-Käse-Dip wird gern auf Kartoffelchips zum Bier gereicht.

Zutaten
200 g Rahmkäse (Frischkäse)
1/2 Becher Sahne
Salz, Korianderpulver nach Geschmack
2 grüne Chilis, entkernt und fein gewürfelt
1 Knoblauchzehe, zerdrückt

Zubereitung
Alle Zutaten mit dem Rührstab gut verquirlen.
Durchziehen lassen.

Für 4 Personen
Zubereitungszeit: 20 Minuten

Eier mit Schweinsbratwürsten

In Mexiko heißen die mit viel Paprika gewürzten Schweinsbratwürste Chorizos. Bei uns sind sie oftmals im Handel erhältlich. Zu diesem Gericht ißt man in Mexiko gerne Bohnenbrei.

Zutaten
4 Schweinsbratwürste
10 g Butter
1 mittelgroße Zwiebel, in halbe Ringe geschnitten
8 Eier
4 EL Tomatenmark
2 Spritzer Tabasco

Zubereitung
Die Schweinsbratwürste in feine Scheiben schneiden. Die Butter in einer Pfanne zerlassen. Die Zwiebel und die in feine Scheiben geschnittenen Bratwürste leicht darin anbräunen. Die Eier mit etwas Wasser verquirlen und in die Pfanne geben. Stocken lassen. Mit Tomatenmark und Tabasco bestreichen. Die Eier 1 bis 2mal wenden.

Für 6 Personen
Zubereitungszeit: 10 Minuten
Bratzeit: 15 Minuten

Eier aus Tampico

Im Norden des Landes ißt man die folgende Eierspeise zu Tortillas. Auch Reis schmeckt gut dazu:

Zutaten
8 Eier, hart gekocht, gepellt und grob gehackt
50 g Butter
2 grüne Paprika, in feine Streifen geschnitten
1 große Fleischtomate, enthäutet und gewürfelt
1 große Zwiebel, fein gewürfelt
1/4 l süße Sahne
200 g Emmentaler Käse, fein geraspelt
Salz und Muskatblüte nach Geschmack

Zubereitung
In einer Pfanne die Butter zerlaufen lassen, die Paprikastreifen, die Tomate und die Zwiebeln darin andünsten. Mit der Sahne auffüllen und mit dem Käse überstreuen. Kurz unter mehrmaligem Wenden eindicken lassen. Die Eierwürfel unterheben, mit Salz und Muskatblüte abschmecken.

Für 4 bis 5 Personen
Zubereitungszeit: 10 Minuten
Bratzeit: 10 Minuten

Rührei mexikanisch

Eier werden reichlich in der schmackhaften Landesküche Mexikos verarbeitet. Sie sind immer delikat bis scharf gewürzt.

Zutaten
8 Eier
50 g Butter oder Olivenöl
1 Zwiebel, fein gehackt
2 Knoblauchzehen, zerdrückt
1 große Fleischtomate, enthäutet und fein gewürfelt
1 Chili, fein gehackt
Salz und Muskatblüte nach Geschmack

Zubereitung
Die Eier mit etwas Wasser gut verquirlen. In einer Pfanne das Fett zerlaufen lassen, die übrigen Zutaten in die Pfanne geben und 2 Minuten durchbraten lassen. Die verquirlten Eier darübergeben. Mit den Gewürzen abschmecken. Wenn die Eier stocken, 1 bis 2mal wenden.

Für 4 bis 5 Personen
Vorbereitungszeit: 7 Minuten
Bratzeit: 10 Minuten

Huevos Rancheros — Farmereier

Zu dieser Eierspeise gehören unbedingt Tortillas (s. S. 54) In einigen Geschäften gibt es bereits fertig zubereitete Tortillas zu kaufen.

Zutaten

4 Mais- oder Weizenmehltortillas (s. S. 55)
1 mittelgroße Zwiebel, in halbe Ringe geschnitten
2 Knoblauchzehen, zerdrückt
2 kleine rote Chilis mit Kernen, in feine Ringe geschnitten
6 EL Tomatenmark
4 Eier
150 g Emmentaler Käse, in feine Streifen geschnitten
Öl zum Ausbacken

Zubereitung

Die Tortillas kurz in heißem Fett ausbacken oder anbraten. In eine gefettete Auflaufform legen.
In einer Pfanne in etwas Öl die Zwiebeln, den Knoblauch, die Chilis und das Tomatenmark andünsten. Über die Tortillas verteilen. Den Ofen vorheizen. Auf je eine Tortilla ein Ei legen. Mit den Käsestreifen überstreuen und 20 Minuten bei 160 °C im Ofen stocken lassen.

Für 4 Personen
Zubereitungszeit: 15 Minuten
Backzeit: 30 Minuten

Feuriger Reissalat

Zutaten
250 g gekochte Hühnerbrust, ohne Haut und Knochen
1 Beutel Reis, gekocht
1 Zwiebel, fein gehackt
1 Zucchini, gewürfelt
1 kleine Orange, gewürfelt
1 Avocado, entsteint, geschält und gewürfelt
ca. 10 Salatblätter, in Stückchen gerupft
Essig und Öl
Pfeffer, Salz, Oregano
3 Spritzer Tabasco

ca. 10 Tortilla-Chips, in Stückchen zerbrochen

Zubereitung
Eine große Schüssel bereitstellen. Das Hühnerfleisch in Streifen schneiden. Alle Zutaten, bis auf die Gewürze, in der Schüssel vermischen. Aus den Gewürzen eine Sauce herstellen, die pikant schmecken soll. Über den Salat gießen. Kühl stellen. Vor dem Servieren die Tortilla-Chips unterheben.

Für 5 Personen
Zubereitungszeit: 20 Minuten ohne Ruhezeit und Herstellung der Tortilla-Chips

Gefüllte Paprikaschoten

Zutaten

Für die Sauce:
50 g Butter
50 g Mehl
1/4 l Milch
1/2 Becher süße Sahne
Salz, Pfeffer, Korianderpulver

Für die Paprikaschoten:
4 Paprikaschoten
100 g Schinkenspeck
6 Eier, hartgekocht und gepellt
Senf nach Geschmack, etwa 1 bis 2 TL
6 EL Semmelbrösel
2 EL Butter

Zubereitung

Für die Sauce die Butter im Topf zerlassen, mit dem Mehl eine Einbrenne herstellen, Milch zugeben und etwas einkochen lassen. Dann kommt die Sahne dazu. Mit den Gewürzen abschmecken, beiseite stellen.
Von den Paprikaschoten den Stilansatz entfernen und aushöhlen. Den Schinkenspeck in einer Pfanne zerlassen, die Eier würfeln und zum Schinkenspeck geben. Mit Senf abschmecken.
Den Ofen vorheizen.
Die Auflaufform einfetten, die Paprikaschoten mit der Öffnung nach oben einsetzen und mit dem Schinkenspeck füllen. Dann die Sauce darüber verteilen. Mit Semmelbrösel überstreuen und Butterflöckchen aufsetzen. Im Ofen ca. 30 bis 40 Minuten backen. Es soll obenauf eine hellbraune Kruste entstehen.

Für 4 Personen
Zubereitungszeit: 30 Minuten
Garzeit: 45 Minuten

Foto:
Feuriger Reissalat
Rezept siehe S. 47

Exquites — Spinat in Weißwein

Nach alten Überlieferungen sollen die Azteken dieses Gericht, Exquites genannt, auf Maisblättern als Vorspeise serviert haben. In diesem Rezept verwendet man Tortillas.

Zutaten
Tortillas (s. S. 54)
500 g frischer Spinat oder Löwenzahn
150 ccm lieblichen Weißwein
240 g Mais aus der Dose
2 mittelgroße Chilis, entkernt und in halbe Ringe geschnitten
1 EL Zitronensaft
2 EL Weizenmehl
Salz nach Geschmack

Zubereitung
Spinat oder Löwenzahn kochgerecht vorbereiten. Im Weißwein kurz aufkochen lassen. Aus dem Sud nehmen. Auf einem Holzbrett grob zerkleinern. Wieder in den Sud zurückgeben. Mit den übrigen Zutaten, außer dem Mehl, 5 Minuten köcheln lassen. Das Mehl in etwas Wasser einrühren, zum Binden über den Spinat gießen und aufkochen lassen.
Auf Tortillas servieren.

Für 6 Tortillas
Zubereitungszeit: 20 Minuten
Garzeit: 15 Minuten

Corundas, Tortillas, Enchiladas, Tacos, Tamales und die Füllungen

Corundas

Corundas sind Klöße. Zu diesen schmackhaften Klößen reicht man Mole (s. S. 32), Bohnenbrei oder Geflügel.

Zutaten
150 g Maismehl
300 g Weizenmehl
1 Päckchen Backpulver
150 g Butter
1 Ei
1 TL Knoblauchpulver
1 TL Salz
2 EL Sesamkerne
5 EL Tomatenmark
3 Spritzer Tabasco
ca. 200 ml Hühnerbrühe (evtl. Bouillonwürfel auflösen)

Zubereitung
15 cm breite und 20 cm lange Streifen aus Backpapier vorbereiten. Einen großen Kochtopf mit Einsatz soweit mit Wasser füllen, daß die Corundas im Wasserdampf garen können.
Das Mais- und Weizenmehl mit dem Backpulver mischen. Die Butter schaumig rühren und alle Zutaten bis auf die Hühnerbrühe zur Butter geben. Soviel Bouillon zugeben, bis ein glatter Teig entsteht. Gut durcharbeiten. Das Wasser im Topf zum Kochen bringen. Je 2 Eßlöffel auf das Backpapier bringen, locker einschlagen. Die Corundas im Wasserdampf ca. 1 Stunde garen. Die Klöße sind gar, wenn sie sich glatt vom Backpapier lösen.

Die Menge ergibt ca. 10 bis 15 Corundas
Zubereitungszeit: 25 Minuten
Garzeit: 1 Stunde

Enchiladas

Enchiladas sind die nach verschiedenen Grundrezepten hergestellten Tortillas. Sie werden aber nach dem Ausbacken mit verschiedenen Füllungen versehen, eingerollt und — mit oder ohne Käseraspel — im Ofen gebacken.

Zutaten
150 g Maismehl
200 g Weizenmehl
1 TL Salz
ca. 200 ml Wasser
100 g Parmesan- oder geraspelter Emmentaler Käse

Zubereitung
Das Mais- und Weizenmehl und das Salz gut vermengen, langsam soviel Wasser zugeben, bis ein gut knetbarer Teig entsteht. Gut durcharbeiten. 1 bis 2 Stunden ruhen lassen. Aus 2 EL Teig hauchdünne Fladen formen und 1 Minute auf jeder Seite backen.
Den Ofen vorheizen und die Auflaufform einfetten.
Den Fladen pikant füllen (s. ab S. 58) und einrollen. Die Enchiladas in die Auflaufform schichten und mit dem Käse überstreuen. 20 bis 30 Minuten bei 200 °C backen, bis die Enchiladas goldbraun sind.

Die Menge ergibt etwa 15 bis 20 Stück
Zubereitungszeit: 25 Minuten, ohne Ruhezeit des Teiges
Brat-und Backzeit: 50 Minuten

Hühnchen-Enchiladas mit Chilisauce

Diese Enchilada kann noch mit fein geschnittenem Endiviensalat verfeinert werden. Als Snack ist sie um die Mittagszeit in den großen Städten des Landes an allen Straßenecken zu haben.

Zutaten
4 Enchiladas (s. S. 51), etwa Kuchenteller groß

Für die Füllung:
2 EL Öl
1 mittelgroße Zwiebel, fein gewürfelt
2 grüne Chilis mit Kernen, fein gewürfelt
2 Knoblauchzehen, zerdrückt
4 EL Tomatenmark
200 g gekochtes Hühnerfleisch, gewürfelt
Salz und Cardamom
100 ml Hühnerbrühe
100 g Edamerkäse, geraspelt

Zubereitung
Die Enchiladas ausbacken und warm stellen.
Dann die Füllung zubereiten. Im Öl die Zwiebeln und Chilis 5 Minuten leicht anbraten, anschließend den Knoblauch, das Tomatenmark und das Hühnerfleisch dazugeben. Durchkochen lassen. Mit Salz und Cardamom abschmecken und mit soviel Hühnerbrühe auffüllen, daß eine Creme entsteht. Durchziehen lassen.
Die Enchiladas mit der Füllung bestreichen, mit dem Käse überstreuen und heiß servieren.

Für 4 Personen
Vorbereitungszeit: 50 Minuten, einschließlich der Backzeit für der Enchiladas
Zubereitungszeit: 20 Minuten

Tamales — Mehlklöße

Die mexikanische Küche hat die Mehlklöße von den Azteken übernommen, die sie „tamalli" nannten. In dieser vergangenen Hochkultur wurden die Klöße für den Tisch des Herrschers Moctezuma aus Maismehl hergestellt, in Maisblätter gewickelt und über Wasserdampf gegart. Tamales können mit vielerlei Füllungen schmackhaft variiert werden.

Zutaten
150 g Maismehl
300 g Weizenmehl
1 Päckchen Backpulver
1 TL Salz
100 g Schmalz
1 Ei
200 ml Hühnerbrühe (evtl. Bouillonwürfel auflösen)

Zubereitung
15 cm breite und 20 cm lange Streifen aus Backpapier vorbereiten. Ebenfalls einen großen Kochtopf mit Einsatz und etwas Wasser gefüllt vorbereiten. Das Mais- und Weizenmehl, das Backpulver und das Salz mischen. Das Schmalz schaumig rühren, evtl. im Mixer. Das Ei und das Mehlgemisch langsam zum Schmalz geben und soviel Hühnerbrühe zufügen, daß ein glatter Teig entsteht. Gut mit den Händen weiter durcharbeiten.
Etwas ruhen lassen.
Im Topf das Wasser zum Kochen bringen. Je 2 Eßlöffel des Teiges auf das Backpapier bringen, einschlagen und auf dem Einsatz im Wasserdampf etwa eine Stunde garen. Die Tamales sind gar, wenn sie sich gut vom Backpapier lösen lassen.

Die Menge ergibt ca. 10 bis 15 Stück
Zubereitungszeit: 20 Minuten, ohne Ruhezeit des Teiges
Garzeit: 1 Stunde

Tortillas (Grundrezept)

Der Begriff „Tortilla“ ist eigentlich eine falsche Bezeichnung für den mexikanischen Fladen. Die spanischen Eroberer nannten den Fladen „tortilla“, nach ihrer in Spanien bekannten und beliebten Eierspeise. Bei dieser Bezeichnung ist es geblieben, obwohl die mexikanische Tortilla ohne Eier zubereitet wird.
Da bei uns in Europa das Maismehl eine andere Zusammensetzung aufweist als in Mexiko, kommt man kaum umhin, dem Maismehl einen gewissen Prozentsatz Weizenmehl oder ein Ei zuzusetzen, damit der Teig die richtige Konsistenz erhält.
Mitunter bekommt man in großen Lebensmittelmärkten oder Feinkostgeschäften fertige Tortillas und Tortilla-Chips zu kaufen. Sie sind in etwas Öl oder heißem Wasser leicht aufzubacken.
Werden Tortillas auf Vorrat gebacken, sollten sie in Pergamentpapier im Kühlschrank aufbewahrt werden.

Zutaten
150 g Maismehl
300 g Weizenmehl
1/2 TL Salz
ca. 200 ml Wasser

Zubereitung
Das Mais- und Weizenmehl und das Salz in einer Schüssel gut vermengen. Langsam soviel Wasser zulaufen lassen, bis ein glatter, fester Teig entsteht. Sehr gut durchkneten, dann 1-2 Stunden ruhen lassen.
Kurz vor dem Servieren eine Eisenpfanne ohne Fett sehr stark erhitzen. Ca. 2 EL Teig abnehmen. In Pfannengröße einen hauchdünnen Fladen formen und kurz auf beiden Seiten backen. Etwa 1-2 Minuten.
Mit einem Tuch bedeckt warm stellen, bis alle Tortillas fertig gebacken sind. Der Teig ergibt bei 17 cm Pfannendurchmesser etwa 20 Tortillas.

Vorbereitungszeit: 25 Minuten, ohne Ruhezeit
Backzeit: 30 Minuten

Tortillas aus Weizenmehl

Zutaten
250 g Weizenmehl
1 Päckchen Backpulver
1 TL Salz
ca. 150 ml Wasser
50 g Schmalz

Zubereitung
Das Mehl, das Backpulver und das Salz gut vermengen. Das zimmerwarme Schmalz in Flöckchen dazugeben. Mit den Händen gut verkneten. Langsam soviel Wasser zufügen, bis ein glatter Teig entsteht. Eine halbe Stunde ruhen lassen.
Eine Eisenpfanne ohne Fett stark erhitzen. Vom Teig ca.
2 EL abnehmen und einen hauchdünnen Fladen formen, der die Größe der Pfanne hat. 1-2 Minuten auf jeder Seite backen. Die Weizenmehl-Tortilla soll weich bleiben.

Ergibt ca. 10 bis 15 Tortillas
Zubereitungszeit: 25 Minuten, ohne Ruhezeit
Backzeit: 30 Minuten

Tacos — zusammengeklappte Tortillas

Geht man um die Mittagszeit durch die großen Städte des Landes, sieht man an den Bürgersteigen Frauen mit ihren Garküchen stehen, die frische Tacos mit scharfen Füllungen für wenig Geld anbieten. Für die arme Bevölkerung des Landes sind diese Tacos oft die einzige Mahlzeit des Tages. Schon den Azteken und Olmeken war diese Form des Fladens bekannt. Das „Zusammenklappen" der Tortilla zum Taco nannten sie: „Zur Muschel formen".

Zutaten
Grundrezept für Tortillas (s. S. 54)
Öl zum Ausbacken

Zubereitung
In einer Pfanne das Öl erhitzen. Die auf S. 54 beschriebene Tortilla im Öl ausbacken. Mit Hilfe zweier Gabeln zur Hälfte so zusammenklappen, daß etwas Platz bleibt, um die Füllung einzugeben.

Ergibt ca. 15 bis 20 Stück
Zubereitungszeit: 25 Minuten, ohne Ruhezeit
Backzeit: 30 Minuten

Tortilla-Chips

Zum Cocktail oder zum Bier werden diese Chips gern gereicht, oft mit einem pikanten Dip.

Zutaten
Tortillateig aus Weizenmehl herstellen (s. S. 55)
Schmalz oder Öl zum Ausbacken

Zubereitung
Den beiseite gestellten Tortillateig auf bemehlter Fläche dünn ausrollen und kleine Karos oder Dreiecke ausschneiden. In einer Pfanne Schmalz oder Öl erhitzen und die kleinen Chips kurz ausbacken.
Aus der Pfanne nehmen und mit Küchenkrepp abtupfen.

Zubereitungszeit: 25 Minuten ohne Ruhezeit
Backzeit: Einige Minuten

Füllungen für Tacos, Tamales und Enchiladas

Die klassische Füllung ist der Bohnenbrei. Noch bevor die Spanier im 16. Jahrhundert in das heutige Mexiko vordrangen, bestand die Hauptspeise der verschiedenen Indianerstämme, neben dem Mais in seinen vielen Variationen, aus Bohnenbrei.

Bohnenbrei (a)

Zutaten

1 EL Margarine
1 mittelgroße Zwiebel, fein gewürfelt
150 g Gehacktes
150 g Kidney-Bohnen aus der Büchse, püriert
1 Stengel frische Minze, fein geschnitten
1/2 TL Korianderpulver
1 TL Salz
2 EL Tomatenmark
2 Spritzer Tabasco

Zubereitung

In einer Pfanne die Margarine erhitzen, die Zwiebel und das Gehackte darin anbraten. Die pürierten Bohnen unterheben, ebenso die Gewürze. Eventuell etwas Wasser zufügen. 7 Minuten durchbraten lassen. Öfter wenden.

Die Menge reicht für ca. 8 Füllungen
Zubereitungszeit: 20 Minuten
Bratzeit: 15 Minuten

Bohnenbrei (b)

Zutaten

200 g Kidney-Bohnen aus der Büchse, püriert
1/2 TL Chilipulver
1/2 TL Kümmelpulver
2 Knoblauchzehen, fein zerdrückt
evtl. etwas Wasser

Zubereitung

In einem Topf den Bohnenbrei erhitzen, die Gewürze dazugeben, gut umrühren und wenn nötig mit etwas Wasser den Brei flüssig halten. Den heißen Brei anschließend in Tacos füllen oder auf Tortillas streichen.

Für ca. 6 Tortillas
Zubereitungszeit: 15 Minuten

Flautas — Bohnen-Käse-Füllung

Zutaten

30 g Schmalz
250 g braune Bohnen aus der Büchse, gut abgetropft
2 Chilis ohne Kerne, fein geschnitten
1 mittelgroße Zwiebel, fein gewürfelt
2 EL gehackte Mandeln
100 g Parmesankäse, gerieben
Salz nach Geschmack

Zubereitung

In einem Topf das Schmalz zerlaufen lassen, alle Zutaten kurz darin anbraten und mit Salz abschmecken.

Für ca. 6 Tacos
Zubereitungszeit: 15 Minuten

Panuchos — ein Nationalgericht

Zutaten
Ca. 10 vor- und zubereitete Tortillas (s. S. 54)
5 hartgekochte Eier, in Scheiben geschnitten
10-15 EL Bohnenbrei (s. S. 58/59)
Chilisauce aus der Flasche

Für die Füllung:
600 g Hühnchenfleisch ohne Haut, in mundgerechte Stückchen zerlegt
120 ml Hühnerbrühe
3 EL Kräuteressig
2 mittelgroße Zwiebeln, in halbe Ringe geschnitten
1/2 TL Kümmelpulver
1/2 TL Oreganopulver
1 Lorbeerblatt
2 Knoblauchzehen, durchgepreßt
Salz nach Geschmack

Zubereitung der Füllung
Außer dem Hühnchenfleisch alle Zutaten 5 Minuten köcheln lassen. Zum Schluß das Fleisch zugeben und kurz aufkochen lassen.

Zubereitung der Panuchos
Die warmen, vorbereiteten Tortillas auf einen Teller legen, mit warmem Bohnenbrei bestreichen, mit den Eischeiben belegen. Darauf kommt die Füllung. Das Ganze wird je nach Geschmack mit Chilisauce aus der Flasche übersprenkelt oder übergossen.

Für 5 bis 10 Personen
Kochzeit der Füllung: 10 Minuten

Quesadilla

Zutaten

250 g Emmentalerkäse, fein geraspelt
250 g gekochtes Hühnerfleisch ohne Haut, fein geschnitten
2 rote Chilis ohne Kerne, fein gehackt
4 EL Tomatenmark
1 mittelgroße Zwiebel, fein gewürfelt
Öl zum Ausbacken
Beilage: 1 Becher Sauerrahm oder Crème fraîche

Zubereitung

Die Tortillas wie auf S. 54 herstellen, aber nicht backen. Beiseite stellen. Den Käse, das Hühnerfleisch, die Chilis, das Tomatenmark und die Zwiebel mischen, auf eine Hälfte jeder Tortilla verteilen, zusammenklappen und wenn nötig, mit einem Zahnstocher verschließen.
Öl in einer Pfanne erhitzen, die zusammengeklappten Tacos kroß auf beiden Seiten anbraten, auf einem Teller anrichten, mit Sauerrahm oder Crème fraîche übergießen, heiß servieren.

Die Füllung reicht für 6 bis 7 Tacos
Zubereitungszeit: 30 Minuten
Backzeit: 20 Minuten

Gemüsegerichte

Blumenkohl in Avocado-Sauce

Dieses Rezept ist seit 1911 belegt. Den Blumenkohl mit Anissamen zu kochen, ist eine interessante Geschmacksvariante.

Zutaten
1 Blumenkohl
Wasser
1 TL Salz
2 TL Anissamen, in einem kleinen Leinentuch eingebunden
1 Stück Würfelzucker

Für die Sauce:
2 Chilis entkernt, sehr fein gehackt
1 TL Korianderpulver
1/2 TL Salz
1 kleine Zwiebel, sehr fein gehackt
1 mittelgroße Fleischtomate enthäutet, püriert
2-3 sehr reife Avocados, entsteint, geschält und püriert
100 ml Sahne

4 EL Parmesankäse

Zubereitung
Den Blumenkohl in reichlich Wasser mit den Zutaten ca. eine Stunde kochen. Im Schnellkochtopf entsprechend kürzer.
In der Zwischenzeit die Sauce zubereiten. Alle angegebenen Zutaten in einer Schüssel gut vermischen. Soviel Sahne zugeben, daß die Sauce cremig-

flüssig wird. Durchziehen lassen. Den gekochten Blumenkohl aus dem Sud nehmen, in einer Schüssel anrichten, mit der Sauce übergießen und mit dem Käse bestreuen.

Für 4 Personen
Vorbereitungszeit: 15 Minuten
Kochzeit: 60 Minuten, wenn kein Schnellkochtopf verwendet wird

Foto:
Quesadilla
Rezept siehe S. 62

Berenjenas fritas — Gebackene Auberginen

Die Geschmacksvariation von herben Auberginen und reifen, süßlichen Tomaten kann nur als sehr pikant bezeichnet werden. Es wird Reis dazu gereicht, Weißbrot oder Tortillastückchen.

Zutaten

3 mittelgroße Auberginen, etwa 850 g
2 mittelgroße Zwiebeln, gewürfelt
1 Büchse Tomaten, 500 g Abtropfgewicht
2 Knoblauchzehen, fein gewürfelt
4 EL Olivenöl
2 TL Basilikum
1/2 TL Salz

4 EL Semmelbrösel
1 EL Butter in Flöckchen

Zubereitung

Die Auberginen in 2 cm dicke Scheiben schneiden, leicht salzen und etwa eine Stunde ruhen lassen, damit die Bitterstoffe der Frucht entzogen werden. Die abgetropften Tomaten mit der Gabel gut zerdrücken.
Den Ofen vorheizen, die Auflaufform einfetten.
Die Auberginen mit Küchenkrepp abtupfen, die Hälfte der Früchte in die Auflaufform schichten. Die Tomaten, die Zwiebeln und den Knoblauch darüber verteilen, das Öl und die Gewürze ebenfalls. Die zweite Hälfte der Auberginen darüber schichten. Semmelbrösel auf den Auflauf verteilen und Butterflöckchen aufsetzen. Wenn die Flüssigkeit aus den Tomaten nicht ausreichend ist, etwas von dem Tomatenwasser aus der Büchse angießen.
Bei 200 °C 50 Minuten backen oder so lange warten bis die Semmelbrösel braun sind.

Für 4 Personen
Vorbereitungszeit: 20 Minuten, ohne Ruhezeit der Auberginen
Backzeit: 60 Minuten

Lentejas guisadas — Gedämpfte Linsen

Die Linsen werden in reichlich Wasser gekocht. Sie können als Suppe zum Hauptgericht zubereitet werden. Als schmackhaftes und nahrhaftes Gemüse reicht man es mit fertig gekauften Croutons oder typischer mit mundgerecht gebrochenen Tortillastückchen. In Mexiko City kann man Linsen in Büchsen kaufen, eingelegt in Salzwasser.

Zutaten
250 g Linsen
1 l Wasser
1-2 TL Salz
3 EL Erdnußbutter
2 Knoblauchzehen, durchgepreßt
1 mittelgroße Zwiebel, fein gewürfelt
1 Fleischtomate, enthäutet und gewürfelt
2 große Chilis, ohne Kerne und in Streifen geschnitten
1 TL Cardamom
1 TL Rosmarinblätter

Zubereitung
Die Linsen im Wasser mit Salz etwa zwanzig Minuten im Schnellkochtopf garen. Wasser abschütten.
In einem Topf die Erdnußbutter zerlassen, das andere Gemüse und die Linsen darin andünsten und 15 Minuten köcheln lassen. Etwas Wasser angießen. Mit den Gewürzen abschmecken und zwanzig Minuten durchziehen lassen. Heiß servieren.

Für 4 Personen
Vorbereitungszeit: 15 Minuten
Kochzeit: 45 Minuten, wenn ein Schnellkochtopf verwendet wird

Mais tostada — Gerösteter Mais mit Salbei

Diese Spezialität kannten schon die Ureinwohner des Landes. Damals wurde der Mais in speziell entwickelten Tongefäßen über dem offenen Feuer geröstet. Man kann ihn heute noch an jeder Straßenecke bekommen.Durch den speziellen Röstvorgang — der sich jedoch im Laufe der Zeit geändert hat — bleibt das Maiskorn frisch und zart. Das Rezept hat sich in den letzten fünfhundert Jahren auf vielerlei Weise abgewandelt. Das folgende Rezept ist eine Empfehlung aus Oaxaca:

Zutaten
2 1/2 EL Erdnußbutter
2 EL Butter
1 TL Salz, nach Geschmack
1 Büchse Mais, 285 g Einwaage, gut abgetropft
1 große Chili aus dem Glas, in Streifen geschnitten
1 Zwiebel, in halbe Ringe geschnitten
3 EL frischer Salbei, grob geschnitten, oder getrockneter Salbei

Zubereitung
In einer Pfanne die Erdnußbutter und die Butter gut erhitzen. Den Mais mit Küchenkrepp gut trocknen und in der Butter bräunen. Salzen. Hitze reduzieren, Chili und Zwiebeln dazugeben. 10 Minuten dünsten. Am Schluß den Salbei unterheben und das Gemüse gut durchziehen lassen. Heiß servieren.

Für 2 bis 3 Personen
Vorbereitungszeit: 10 Minuten
Bratzeit: 15 Minuten

Lentejas con Piña y Plátano — Linsen mit Ananas und Kochbanane

Zu Gast bei einer Familie in Mexiko City verriet das Hausmädchen der Autorin folgendes Rezept. Das Gericht ist delikat und lohnend nachzukochen. Es schmeckt zu gegrilltem Fleisch oder als Vorspeise mit Weißbrot dazu. Kochbananen oder rote Bananen sind bei uns in manchen Supermärkten oder gut sortierten Gemüsegeschäften erhältlich.

Zutaten
250 g Linsen
Wasser
Salz
2 EL Erdnußbutter
2 EL Speiseöl
2 Knoblauchzehen, fein gewürfelt
1 kleine Zwiebel, fein gewürfelt
1 Fleischtomate, enthäutet und gewürfelt
2 Kochbananen oder rote Bananen, geschält und in Scheiben geschnitten
2 Scheiben frische Ananas, von Schale und Strunk befreit und gewürfelt
1 TL Salz
1 TL Basilikum

Zubereitung
Die Linsen im Wasser mit dem Salz im Schnellkochtopf ca. 20 Minuten garen. Wasser abschütten.
In einem anderen Topf die Fette erhitzen, die Knoblauchzehen und die Zwiebel, die Linsen und die Kochbananen sowie die Tomatenwürfel 10 bis 15 Minuten dünsten. Etwas von dem Linsenwasser angießen. Am Schluß die Ananaswürfel dazugeben, mit den Gewürzen abschmecken und durchziehen lassen. Lauwarm servieren.

Für 5 Personen
Zubereitungszeit: 15 Minuten
Kochzeit: 40 Minuten, wenn ein Schnellkochtopf verwendet wird

Huitlacoche con calabacitas Estilo Querétaro — Mais-Pilze-Zucchini-Gericht

Huitlacoche, ein delikates, exotisch schmeckendes Gericht aus grauen Pilzen, dem Mais und Zucchinis zugesetzt sind, ist für viele Mexikaner eine Luxusspeise. Es kann nicht das ganze Jahr über gekocht werden, da die Pilze frisch sein müssen. Dieses Gericht ergibt sowohl eine köstliche Füllung für Tacos, als auch ein Hauptgericht, wenn es mit Reis serviert wird.

Zutaten
4 EL Erdnußbutter
1 große Zwiebel, fein gewürfelt
1 Knoblauchzehe, zerdrückt
300 g Zucchinis, in Scheiben geschnitten
285 g Mais aus der Büchse, gut abgetropft
2 Chilis aus dem Glas, gut abgetropft
300 g frische Pfifferlinge, halbiert oder geviertelt
Salz und Pfeffer nach Geschmack
2 EL frische Salbeiblätter, grob geschnitten
evtl. etwas Wasser

Zubereitung
In einer Pfanne die Butter zerlassen, die Zwiebel und den Knoblauch darin andünsten. Die Zucchinischeiben dazugeben und weiter dünsten. Jetzt den Mais und die Chilis dazugeben. Mit Salz und Pfeffer abschmecken. Die Pilze in die Pfanne geben, gut wenden und bei zugedeckter Pfanne 10 bis 15 Minuten köcheln lassen. Falls das Gemüse nicht genug Wasser gezogen hat, etwas Flüssigkeit angießen. Dem fertigen Gericht die Salbeiblätter unterziehen und 15 Minuten durchziehen lassen.
Heiß servieren.

Für 4 Personen
Vorbereitungszeit: 10 Minuten
Kochzeit: 20 Minuten

Espinaca con piñones y nuesces — Spinat mit Pinienkernen

Der beliebte Spinat kommt zur Frühjahrssaison mit Pinienkernen und — oder — Nüssen, auch mit Mandeln, gern auf den Tisch der mexikanischen Familien. Dieses Gericht hat eine raffinierte Geschmacksrichtung und eignet sich als Beilage zu Bratengerichten.

Zutaten
1,5 kg frischer Spinat
Wasser
3 EL Olivenöl
80 g Pinienkerne
50 g Paranüsse, fein geschnitten
2 Knoblauchzehen, durchgepreßt
2-3 Scheiben Schinken
Salz nach Geschmack
1/4 TL abgeriebene Muskatnuß

Zubereitung
Den Spinat kochfertig vorbereiten und sehr gut waschen. In einem großen Topf mit etwas Wasser 5 Minuten kochen lassen. Auf einem Sieb abtropfen lassen und anschließend grob schneiden.
Das Öl in einem Topf erhitzen, den Schinken würfeln und im Öl anbraten. Pinienkerne und Nüsse dazugeben, ebenso den Spinat und den Knoblauch, 10 Minuten köcheln lassen. Mit den Gewürzen abschmecken.

Für 4 bis 5 Personen
Vorbereitungszeit: 20 Minuten
Kochzeit: 20 Minuten

Calabacitas Rancheras — Zucchini à la Farmhaus

Dieses einfache wie delikate Gemüsegericht wird mit Epazote verfeinert. Dieses Würzkraut ist bei uns nicht erhältlich. Man kann es durch Rosmarin ersetzen.

Zutaten
1 kg Zucchini, in Stücke geschnitten
Etwas Wasser
2 mittelgroße Zwiebeln, in halbe Ringe geschnitten
2 Knoblauchzehen, durchgepreßt
2 grüne Chilis, ohne Kerne und in feine Streifen geschnitten
2 EL frische Rosmarinblätter
Salz und Muskatblüte nach Geschmack

Zubereitung
Die Zucchinistücke in etwas Wasser zum Kochen bringen.
Zwiebeln, Knoblauch und Chili dazugeben und 7 Minuten köcheln lassen. Zum Schluß die Rosmarinblättchen unterheben, mit den Gewürzen abschmecken. Durchziehen lassen. Dieses Gemüse schmeckt aufgewärmt sehr gut.

Für 4 bis 5 Personen
Vorbereitungszeit: 10 Minuten
Kochzeit: 10 Minuten

Fischgerichte

Austern mit Mandeln

Zutaten

24 Austern — pro Person 6 Stück. Im Fachgeschäft sind Austern servierfertig erhältlich
6 Scheiben Kastenweißbrot, ohne Rinde, zerkrümeln
150-200 ml trockener Weißwein
100 g Butter, Zimmertemperatur
4 EL Petersilie, fein gehackt
200 gehackte Mandeln
2 EL Margarine

Zubereitung

In einer Pfanne die gehackten Mandeln in der Margarine kurz und scharf anrösten. Beiseite stellen. Das zerkleinerte Weißbrot in einer Schüssel mit dem Weißwein übergießen und 10 Minuten durchziehen lassen.
Den Ofen vorheizen
Die übrigen Zutaten mit dem eingeweichten Weißbrot, außer den Austern, vermengen und diese Farce (die schmackhafte, dick-cremige Masse) auf die Austern streichen. Im Ofen bei 180 °C 10 bis 15 Minuten überbacken.
Portionsweise mit Petersiliensträußchen garnieren.

Für ca. 4 Personen
Vorbereitungszeit: 15 Minuten
Backzeit: 15 Minuten

Charales — Weißfisch mit Kichererbsen

Weißfisch ist bei uns nicht zu bekommen. Ersatzweise kann jeder weißfleischige Fisch für dieses Gericht verwendet werden. Man reicht dazu gern Tamales oder Reis.

Zutaten
250 g Kichererbsen
Wasser und Salz
50 g Margarine
4 Knoblauchzehen, fein geschnitten
2 mittelgroße Zwiebeln, gewürfelt
1 Fleischtomate, enthäutet, gewürfelt
1/2 TL Korianderpulver
1/2 TL Nelkenpulver
Salz und Pfeffer
4 Fischfilets à 200 g
1/4 l Bouillon oder Wasser

Zubereitung
Die Kichererbsen im Schnellkochtopf in etwas Wasser mit Salz ca. 30 Minuten garen.
In einem flachen Topf die Margarine erhitzen, das Gemüse mit den Gewürzen kurz anbraten, die gegarten Kichererbsen dazugeben. Gut wenden und obenauf die Fischfilets legen. Bouillon oder Wasser angießen, Deckel schließen und 15 bis 20 Minuten köcheln lassen.

Für 4 Personen
Vorbereitungszeit: 20 Minuten, ohne Garen der Kichererbsen
Garzeit: 35 Minuten

Fischstückchen mit Garnelen

Zutaten
50 g Margarine
250 g Fischfilet, in mundgerechte Stücke zerlegt
250 g Krabben oder Garnelen
1 TL Chilipulver
2 Knoblauchzehen, fein zerdrückt
1 kleine Zwiebel, fein gehackt
4 EL Kürbiskerne
4 EL Tomatenmark
4 EL Zitronensaft
1 EL Honig
Salz nach Geschmack

Zubereitung
In einer Pfanne die Margarine zerlaufen lassen, den Fisch darin 5 Minuten anbraten. Bis auf den Honig und das Salz alle Zutaten dazugeben, wenden und weitere 10 Minuten braten lassen. Es kann etwas Wasser angegossen werden. Vom Herd nehmen, Honig zufügen, mit Salz abschmecken und kurz durchziehen lassen.

Für 3 Personen
Vorbereitungszeit: 20 Minuten
Bratzeit: 15 Minuten

Eingelegter Fisch

Dieser Fisch sollte ein bis zwei Tage vor dem Verzehr zubereitet werden. Weißbrot schmeckt zu diesem Gericht sehr gut.

Zutaten
50 g Butter
600 g Fischfilets
Salz

Für die Marinade:
1 grüne Paprika, Stielansatz entfernt und fein gehackt
2 mittelgroße Zwiebeln, fein gehackt
4 Knoblauchzehen, zerdrückt
Salz
Saft und die geriebene Schale einer ungespritzten Orange
Saft und die geriebene Schale einer ungespritzten Zitrone
2 Lorbeerblätter
4 EL Olivenöl

Zubereitung
Die Fischfilets in der Butter goldbraun braten. In eine Schüssel schichten. Aus den angegebenen Zutaten eine Marinade herstellen, über den Fisch verteilen und im Kühlschrank ein bis zwei Tage durchziehen lassen.

Für 3 Personen
Vorbereitungszeit: 25 Minuten
Zubereitungszeit: 15 Minuten

Fisch à la Yucatán

Zutaten

2 kg Fischfilet
Saft einer Zitrone
Salz und Pfeffer
5 EL Olivenöl
2 Zwiebeln, fein gewürfelt
1 rote Paprika, Stielansatz entfernt, fein gewürfelt
170 g Pinienkerne
1 1/2 TL Korianderpulver
1 TL Muskatblüte
Saft von 1-2 ausgepreßten Orangen

Zum Garnieren:
3 hartgekochte Eier, in Scheiben geschnitten
einige Dillstengel

Zubereitung

Die küchenfertigen Fischfilets salzen und pfeffern und mit Zitronensaft beträufeln. In eine gefettete Auflaufform schichten. Im Öl das Gemüse mit den Gewürzen (außer dem Dill) kurz anbraten und über den Fisch verteilen. Den Ofen vorheizen.
Den Orangensaft angießen und das Ganze bei 200 °C ca. 35 Minuten backen. Vor dem Servieren mit den Eischeiben und dem Dill garnieren.

Für 6 Personen
Vorbereitungszeit: 25 Minuten
Backzeit: 45 Minuten

Fisch-Curry

Zu diesem Curry wird gern Bohnenbrei oder Reis gereicht.

Zutaten
40 g Butter
1 EL Curry
1 TL Chilipulver
1 TL Zwiebelsalz
1 TL Knoblauchsalz
3 EL Tomatenmark
1 TL Salz
Saft einer Zitrone
600 ml Hühnerbrühe (evtl. Bouillonwürfel auflösen)
1 EL Honig
700 g Fischfilets, in mundgerechte Stücke zerlegt

Zubereitung
In einem Topf die Butter zerlassen, alle Gewürze und die Hühnerbrühe dazugeben und bei schwacher Hitze eine halbe Stunde einkochen lassen. Den Fisch in die Bouillon geben und 15 bis 20 Minuten ziehen lassen. Mit dem Salz und dem Honig abschmecken.

Für 3 bis 4 Personen
Zubereitungszeit: 20 Minuten, ohne Einkochzeit
Kochzeit: 25 Minuten

„Fisch der Azteken"

Die hohe Kunst des Kochens in den Küchen der Azteken-Herrscher ist überliefert. Zu diesem Gericht reicht man Tortillas oder Reis.

Zutaten

1 kg Kabeljau
2 Lauchzwiebeln, in Stücke geschnitten
3 Möhren, gesäubert und in Stücke geschnitten
1 kleine gelbe Chili, entkernt und fein geschnitten
1/2 TL Muskatblüte
1 TL Salz
8 grüne Pfefferkörner im Mörser zerstoßen
1 EL Zitronensaft
4 Nelken
1/2 TL Zimtpulver
2 EL Butterflöckchen
etwas Wasser oder Bouillon
1 Becher süße Sahne (125 g)

Zubereitung

Den Römertopf vorbereiten und den Ofen vorheizen.
Den kochfertig zubereiteten Fisch im Römertopf mit dem Gemüse umlegen. Mit den Gewürzen überstreuen. Butterflöckchen aufsetzen und etwas Wasser oder Bouillon angießen. Im Ofen bei 220 °C etwa 1 Stunde garen lassen. Danach den Fisch mit der Sahne übergießen, das Ganze vorsichtig umrühren und weitere 10 bis 15 Minuten garen lassen.

Für 4 Personen
Vorbereitungszeit: 25 Minuten
Garzeit: 70 Minuten

Fisch mit Avocadocreme

Zutaten

1,5 kg Schellfisch oder ein ähnlicher Fisch
Saft einer Zitrone
Pfeffer und Salz
50 g Butter
1 große Zwiebel, fein gewürfelt
2 rote Paprika, Stielansatz entfernt und gewürfelt
2 EL Petersilie, fein gehackt
4 EL Kürbiskerne
2 Zucchini, gewürfelt
Wasser oder Bouillon

Für die Avocadocreme:
3 weiche Avocados, entkernt und geschält
3 EL Mayonnaise
1/8 l süße Sahne, steif geschlagen
Salz und Muskatblüte

Zubereitung

Den Fisch salzen, pfeffern und mit Zitronensaft einreiben. In eine gefettete Form schichten.
In einer Pfanne die Butter zerlaufen lassen und die übrigen Zutaten kurz darin andünsten. Um den Fisch verteilen. Im vorgeheizten Ofen bei 220 °C etwa 40 Minuten garen, zuvor etwas Wasser oder Bouillon angießen.
In der Zwischenzeit die Creme zubereiten:
die Avocados mit der Gabel zerdrücken oder pürieren. Die Mayonnaise und die geschlagene Sahne unterziehen, mit Salz und Muskatblüte abschmecken.

Für 5 Personen
Zubereitungszeit: 40 Minuten
Backzeit: 50 Minuten

Fisch mit sauren Pflaumen

Dieses Gericht — von den Azteken überliefert — ist noch heute eine beliebte Mahlzeit. Gerne wird Bohnenbrei dazu gereicht.

Zutaten
1 kg Schellfisch
6-7 säuerliche rote oder gelbe Pflaumen
2 eingelegte Chilis, fein geschnitten
1 Fleischtomate, enthäutet und gewürfelt
6 grüne Pfefferkörner, im Mörser zerstoßen
1/2 TL Kümmelpulver
1/2 TL Salz
4 EL Pinienkerne
1 EL Zitronensaft
3 EL Öl
etwas Wasser oder Bouillon

Zubereitung
Einen Römertopf vorbereiten.
Den Ofen vorheizen.
Den Fisch mit den Gewürzen sowie dem Öl einreiben und in den Römertopf legen. Das Gemüse, die Pflaumen und die Pinienkerne um den Fisch schichten. Eventuell Wasser oder Bouillon angießen. Im Ofen bei 200 °C ca. 1 Stunde garen.

Für 4 Personen
Zubereitungszeit: 25 Minuten
Garzeit: ca. 1 Stunde

Foto:
Fisch à la Yucatán
Rezept siehe S. 76

Fischklößchen „Mexiko City“

Diese pikanten Klößchen sind einfach zuzubereiten. Gern wird Guacamole (s. S. 37) oder Tomatensauce (s. S. 36) und Reis dazu serviert.

Zutaten
800 g weißfleischiger Fisch, enthäutet und entgrätet
1 EL Dill, fein gehackt
150 g Weckmehl
4 Eier
3 Knoblauchzehen, fein zerdrückt
50 g Parmesankäse (oder Emmentaler, fein geraspelt)
Salz, Chilipulver, Korianderpulver
Öl zum Ausbacken

Zubereitung
Der vorbereitete Fisch wird in kleine Würfel geschnitten und mit den übrigen Zutaten vermengt. Mit den Gewürzen abschmecken. Anschließend den Fisch eine halbe Stunde ruhen lassen.
Öl in einer Pfanne erhitzen, aus dem vorbereiteten Fischteig Klößchen formen und im heißen Fett ausbacken. Die fertigen Klößchen mit Küchenkrepp abtupfen.

Für 4 Personen
Vorbereitungszeit: 25 Minuten
Bratzeit: 25 Minuten

Garnelen-Quiche

Diese Quiche läßt sich für eilige Feinschmecker gut vorbereiten und mit frischem Salat delikat servieren.

Zutaten
Für den Teig:
100 g Mehl
50 g Schmalz
1/2 TL Salz
ewas kaltes Wasser

Für den Belag:
3 Eier
160 ml Milch
3 EL Mehl
2 Knoblauchzehen, fein gehackt
100 g Emmentaler-Käse, fein geraspelt
2 eingelegte Chilis, entkernt und fein gehackt
1 kleine Zwiebel, fein gehackt
180 g Hummerkrabben oder Garnelen, küchenfertig

Für die Garnierung:
einige Dillzweige

Zubereitung
Mehl, Salz und Schmalz auf einer bemehlten Arbeitsfläche zusammenkneten. Soviel Wasser angießen, daß ein gut knetbarer Teig entsteht, der intensiv durchgearbeitet werden soll. Zu einer Kugel formen und eine Stunde ruhen lassen. In der Zwischenzeit die Eier gut verquirlen und alle Zutaten nach und nach dazugeben. Den Ofen vorheizen. Den Teig in einer runden, ausgefetteten Kuchenform dünn auswalzen, den Rand hochziehen, mit einer Ga-

bel öfter einstechen. Die Füllung in die Kuchenform geben und die Quiche bei 200 °C ca. 40 Minuten backen. Etwas auskühlen lassen, mit Dillzweigen garnieren und warm servieren.

Für 4 Personen
Vorbereitungszeit: 30 Minuten, ohne Ruhezeit des Teiges
Backzeit: 50 Minuten

Gebackene Muscheln

An den fischreichen Küsten des Landes wurde folgendes Rezept kreiert, zu dem Tamales oder Reis gegessen wird.

Zutaten

Ca. 40 Muscheln ohne Schalen, kochfertig vorbereitet
1 große Fleischtomate, enthäutet und gewürfelt
1 mittelgroße Zwiebel, fein gehackt
1 Aubergine, den Stielansatz entfernt und fein gewürfelt
80 g Butter
3 Spritzer Tabasco
1 Prise Salz
1/2 TL Korianderpulver
1/2 TL Safranfäden
4 EL Weckmehl
4 EL Parmesankäse
Wasser oder Bouillon

Zubereitung

Die Muscheln in eine gefettete Auflaufform schichten. Den Ofen vorheizen. Das Gemüse in der Butter andünsten, mit den Gewürzen abschmecken und über die Muscheln verteilen. Mit Weckmehl und Parmesankäse überstreuen. Etwas Wasser oder Bouillon angießen und bei 180 °C 30 bis 40 Minuten backen.

Für 4 Personen
Zubereitungszeit: 25 Minuten
Backzeit: 45 Minuten

Seezungenfilets mit Weinschaumsauce

Zutaten

1 kg Seezungenfilets, bratfertig vorbereitet
Salz, Chilipulver
80 g Butter
1/4 l trockener Weißwein 250 g Champignons, in Scheiben geschnitten
3 EL Mehl
1 Eigelb
1 Becher Sahne
Saft 1/2 Zitrone
200 g Krabben, kochfertig vorbereitet
Salz, Muskatblüte, Nelkenpulver

Zubereitung

Die Seezungenfilets mit Salz und Chilipulver einreiben. Die Butter erhitzen und die Fischfilets darin 15 Minuten dünsten. Den Deckel auf die Pfanne legen. Im Backofen warm stellen. Den Sud mit dem Weißwein aufkochen und die Champignons kurz darin garen. Mehl und Eigelb verquirlen, unterziehen und aufkochen lassen. Unter ständigem Rühren die Sahne unterziehen. Die Sauce soll schaumig werden! Den Zitronensaft und die Krabben dazugeben, mit Salz, Muskatblüte und Nelkenpulver abschmecken. Durchziehen lassen. Zum Servieren die Seezungenfilets auf einer Platte anrichten und mit der Weinschaumsauce übergießen.

Für 5 Personen
Zubereitungszeit: 30 Minuten
Garzeit: 30 Minuten

Fleischgerichte

Barbecue-Hähnchen in Olivensauce

Barbecue-Parties sind in Mexiko sehr beliebt. Das Hähnchen kann sowohl auf dem Barbecuegrill als auch im Backofen zubereitet werden. Es werden Tortillas oder Weißbrot dazu gereicht.

Zutaten
1 Hähnchen, bratfertig zubereitet
1 EL Butter
Salz und Paprika

Für die Sauce:
200 ml fertige Chilisauce
4 EL milder Weinessig
85 g mit Paprika gefüllte Oliven (Abtropfgewicht), gewürfelt
3 EL brauner Zucker
1 kleine Zwiebel, sehr fein gehackt
75 ml Wasser
Petersilie, fein gehackt

Zubereitung
Das Hähnchen mit der Butter einreiben, mit Salz und Paprika innen bestreuen. Auf dem Grill oder im Backofen knusprig grillen oder braten.
In der Zwischenzeit die Sauce zubereiten. In einem Topf alle Zutaten, bis auf die Petersilie, gut verrühren und ca. 15 Minuten einkochen lassen. Evtl. noch etwas Wasser nachgießen. Am Schluß die Petersilie unterrühren.
Das Hähnchen portionieren und die Sauce dazu reichen.

Für 2 bis 4 Personen
Vorbereitungszeit: 20 Minuten
Grillzeit: ca. 60 Minuten

Gebratene Ente auf mexikanische Art

Der Entenbraten erfreut sich in Mexiko großer Beliebtheit und rundet die ohnehin vielfältige Landesküche auf köstliche Weise ab.

Zutaten
1 Ente, bratfertig
2 große Äpfel, geschält, entkernt und in Stücke geschnitten
2 mittelgroße Zwiebeln, in Stücke geschnitten
70 g Butter
Paprikapulver
200 ml lieblicher Rotwein
1 EL Worcestersauce
5 Spritzer Tabasco
1 TL Salz

Zubereitung
Die Ente mit den Äpfeln und den Zwiebeln füllen. Die Öffnung zunähen oder mit einem Zahnstocher verschließen. Mit Butter und Paprika einreiben. Den Ofen vorheizen. In einem Bräter die Ente mit der Brust nach unten, mit etwas Wasser angegossen, in den Ofen schieben. Etwa eine Stunde braten. Nach einer halben Stunde die Ente wenden, damit die Brust schön braun werden kann. Die letzten 15 Minuten den Rotwein, der mit den Gewürzen und der Worcestersauce vermischt wurde, zur Ente gießen und den Bratensatz mit dem Bratpinsel lösen.
Die Füllung aus der Ente nehmen, auf einer Servierplatte am Rand dekorieren und den Braten in vier Portionen teilen. Die Bratenportionen ebenfalls auf der Platte anrichten, mit dem Bratensaft übergießen oder den Bratensaft extra reichen.

Für 4 Personen
Vorbereitungszeit: 25 Minuten
Bratzeit: 70 Minuten

Gefüllte Paprika II

Dieses sehr beliebte Gericht gibt es in vielen Variationen, die regional sehr verschieden sind.

Zutaten

6 Paprikaschoten, den Stiel entfernt, ebenso die Samen
450 g Hackfleisch
1 Zwiebel, fein gehackt
1 Ei
Salz und Pfeffer
4 EL Tomatenketchup
2 Knoblauchzehen, zerdrückt
4 EL Rosinen
4 getrocknete Pflaumen ohne Kerne, gewürfelt
150 ml Wasser oder Bouillon

Für die Sauce:
2 Becher Sauerrahm à 135 g
100 g gehackte Nüsse
1/2 TL Nelkenpulver
4 EL Milch

Zubereitung

Die vorbereiteten Paprikaschoten in einer gefetteten Auflaufform so aufstellen, daß die Öffnung nach oben zeigt. Den Ofen vorheizen. Das Hackfleisch mit den übrigen Zutaten gut verarbeiten und gleichmäßig in die Paprikaschoten einfüllen. Etwas Wasser oder Bouillon angießen.
Im Ofen bei 200 °C etwa 45 Minuten backen. In der Zwischenzeit die Rahmsauce herstellen. Alle angegebenen Zutaten gut miteinander verrühren und kalt zu den heißen Paprikaschoten servieren.

Für 6 Personen
Vorbereitungszeit: 25 Minuten
Backzeit: 50 Minuten

Pollo en pib — Hähnchen im Römertopf

Die Azteken hatten schon vor der Eroberung durch die Spanier Wildvögel im Pib gebraten. Das waren Feuerstellen im Erdaushub. Heute wird allgemein mit dem Römertopf im modernen Herd gearbeitet. Zu diesem Gericht reicht man gern Reis oder Tortillas.

Zutaten
1 bratfertig vorbereitetes Hähnchen
1 Büchse Gemüsemais (Einwaage 285 g)

Für die Marinade:
1 EL Öl
1 TL Paprikapulver
1/2 TL Salz
1/2 TL Zimtpulver
6 grüne Pfefferkörner, im Mörser zerstoßen
3 Knoblauchzehen, zerdrückt
1 ungespritzte Orange, in Scheiben geschnitten
Bindfaden
etwas Wasser

Zubereitung
Den Römertopf zum Braten vorbereiten und den Ofen vorheizen.
Das Hähnchen mit dem Mais füllen und mit einem Zahnstocher verschließen. Die Zutaten für die Marinade gut verrühren und das Hähnchen damit einreiben. Mit einem Bindfaden die Orangenscheiben gut verteilt um das Hähnchen wickeln. In den Römertopf legen und mit etwas Wasser angegossen bei 220 °C ca. eine Stunde garen.
Zum Servieren die Orangenscheiben auf einer Platte dekorieren. Den Mais aus dem Hähnchen nehmen und ebenfalls auf der Platte anrichten. Das Hähnchen vierteln und heiß servieren.

Für 3 Personen
Vorbereitungszeit: 25 Minuten
Bratzeit: 70 Minuten

Hammelfleisch mit grünen Tomaten

Zu diesem Gericht werden in Mexiko pikante grüne Tomaten verwendet. Ersatzweise kann man dieses Gericht auch mit roten Tomaten zubereiten.

Zutaten
3 mittelgroße Zwiebeln gewürfelt
4 Knoblauchzehen, zerdrückt
5 EL Öl
1,5 kg mageres Hammelfleisch, in Würfel geschnitten
3 mittelgroße Möhren, geputzt und gewürfelt
1 große Fleischtomate, enthäutet, gewürfelt
1 Aubergine, Stielansatz entfernt und gewürfelt
1-2 Äpfel, geschält, Kerngehäuse entfernt und gewürfelt
285 g Mais aus der Büchse
100 g Rosinen
500 g Bataten (Süßkartoffeln), auch Kartoffeln, geschält und gewürfelt
1 TL Salz
1 TL Pfeffer
1 TL süßer Paprika
1 TL Muskatblüte
3 cm Zimtstange
Wasser oder Bouillon

Zubereitung
Die Zwiebeln und den Knoblauch im Öl erhitzen und das Hammelfleisch dazugeben. Scharf anbraten. Wasser oder Bouillon angießen und ca. 40 Minuten garen. Jetzt alles Gemüse, die Äpfel und die Rosinen dazugeben und würzig abschmecken. Eventuell mit mehr Wasser oder etwas Bouillon auffüllen und ca. 25 Minuten fertig garen. Vor dem Servieren die Zimtstange entfernen. Das Gericht kann auch mit etwas Sahne verfeinert werden.

Für 7 bis 8 Personen
Vorbereitungszeit: 30 Minuten
Garzeit: 75 Minuten

Huhn-Schweinefleisch-Eintopf

Dieser delikate Eintopf schmeckt aufgewärmt am besten.

Zutaten

1 Suppenhuhn
350 g mageres Schweinefleisch
1 l Wasser
2 TL Salz
1 TL Pfeffer
1 Bund Suppengrün
4 EL Olivenöl
2 rote Chilis, mit Kernen in feine Scheiben geschnitten
2 mittelgroße Fleischtomaten, enthäutet und gewürfelt
3 Scheiben Ananas aus der frischen Frucht, gewürfelt
2 Kochbananen/Bananen, in Stücke geschnitten
2 Birnen, geschält, entkernt und grob gewürfelt
1 TL Zimtpulver
1 EL Sesamkerne
1 Bund Petersilie, fein gehackt

Zubereitung

Das Suppenhuhn mit dem Schweinefleisch und den angegebenen Zutaten 1 Stunde kochen oder so lange, bis das Fleisch weich und zart ist. (Im Schnellkochtopf ca. 20 Minuten weniger.) In einem anderen Topf das Öl erhitzen, die Chilis kurz darin andünsten dann die übrigen Zutaten dazugeben, mit der Bouillon vom Fleisch auffüllen, und 15 Minuten simmern lassen. Inzwischen das Huhn entbeinen, enthäuten und in mundgerechte Stücke schneiden. Auch das Schweinefleisch portionieren. Beide Fleischsorten zur Suppe geben. Durchziehen lassen und nochmals mit Salz abschmecken. Mit Petersilie überstreuen.

Für 4 bis 6 Personen
Vorbereitungszeit: 25 Minuten
Kochzeit: 75 Minuten, im Schnellkochtopf entsprechend weniger

Lamm-Nieren

Die Innereien bedürfen einer sorgfältigen Vorbereitung, belohnt wird man dann jedoch durch den delikaten Geschmack. Gewürfelte Bataten oder Reis schmecken gut dazu.

Zutaten
800 g Lamm-Nieren
100 g Schmalz
2 mittelgroße Zwiebeln, gewürfelt
250 g Champignons, in feine Scheiben geschnitten
1 Fleischtomate, enthäutet und gewürfelt
100 g Sonnenblumenkerne
5 EL Tomatensauce aus der Flasche
4 Spritzer Tabasco
Salz und Pfeffer nach Geschmack
evtl. etwas süße Sahne
Essigwasser

Zubereitung
Die Nieren längs halbieren, von Sehnen und Strängen befreien und eine Stunde in Essigwasser legen. Das Wasser einmal wechseln. In einer Pfanne das Schmalz erhitzen, die mit Küchenkrepp abgetupften Nieren darin anbraten und gleichzeitig mit dem Gemüse und den Sonnenblumenkernen umlegen. Die Nieren auf jeder Seite 7 Minuten anbraten und das Gemüse öfter wenden. Zum Schluß die Tomatensauce darüber verteilen, ebenso Tabasco, Salz und Pfeffer. Zur Verfeinerung kann etwas süße Sahne angegossen werden.

Für 4 Personen
Vorbereitungszeit: 20 Minuten, ohne Einlegezeit
Bratzeit: 15 Minuten

Mexikanisches Hähnchen mit Reis

Dieses Hähnchen-Gericht erfreut sich in ganz Mexiko großer Beliebtheit und ist auch recht praktisch, zumal die Beilagen gleich mit zubereitet werden.

Zutaten

1 Hähnchen, bratfertig zubereitet
1/2 TL Salz
1/4 TL Pfeffer
1/4 TL Paprikapulver
3 EL Öl
1 Büchse Tomaten, ca. 200 g
1/2 l Wasser
1 Kochbeutel Reis
1/2 TL Basilikum
1/2 TL Nelkenpulver
2 EL Pinienkerne
1 Paket gefrorene grüne Erbsen

Zubereitung

Das Hähnchen mit der Geflügelschere in beliebige Portionen zerlegen. Mit Salz, Pfeffer und Paprika einreiben. In einer großen Pfanne das Öl erhitzen, die Hähnchenteile darin goldbraun anbraten. Die abgetropften Tomaten grob zerkleinern. Den Beutel Reis in der Pfanne verteilen, Wasser oder Hühnerbrühe angießen (eventuell einen Bouillonwürfel auflösen). 10 Minuten köcheln lassen. Jetzt die Tomaten, die Erbsen und die Gewürze mit den Pinienkernen darüber schichten. Bei zugedeckter Pfanne das Ganze weitere 15 bis 20 Minuten garen oder so lange, bis die Hähnchenteile und der Reis gar sind. Es kann noch etwas Wasser oder Bouillon nachgegossen werden.

Für 4 Personen
Vorbereitungszeit: 25 Minuten
Garzeit: 45 Minuten

Rinderfilet al norte

Im Norden des Landes bevorzugt man das Rinderfilet auf die folgende Art zubereitet. Es werden Tortillas dazu gegessen oder auch Bohnenbrei sowie Reis.

Zutaten
1 kg Rinderfilet
4 EL Öl
225 g Tomaten aus der Büchse, abgetropft und püriert
285 g Mais aus der Büchse
2 Zwiebeln, in feine Ringe geschnitten
1 TL Chilipulver
1 TL Korianderpulver
1 TL Salz
4 Spritzer Tabasco
1 rote Paprika, Kerne entfernt und gewürfelt
100 g Parmesankäse, gerieben

Zubereitung
Das Rinderfilet für 4 bis 5 Personen in beliebige Portionen teilen. In sehr heißem Öl auf jeder Seite 2 bis 3 Minuten anbraten. Inzwischen alle übrigen Zutaten bis auf den Käse gut miteinander vermischen. Den Ofen vorheizen. Die Filets in eine Auflaufform schichten und mit der hergestellten Sauce übergießen. Mit dem Parmesankäse überstreuen. Bei 200 °C, möglichst nur Oberhitze, 15 Minuten überbacken oder so lange, bis die Käsekruste hellbraun ist.

Für 4 bis 5 Personen
Vorbereitungszeit: 20 Minuten
Backzeit: 40 Minuten

Schnitzel mit Oliven-Wein-Sauce

Auch dieses Gericht eignet sich für eine Barbecue-Party.

Zutaten

4 EL Weckmehl
2 EL Mehl
1 TL Salz
1 TL Pfeffer
4 Kalbschnitzel
4 EL Olivenöl
1 mittelgroße Zwiebel, sehr fein gehackt
300 ml Weißwein
85 g schwarze Oliven (Abtropfgewicht), entkernt und in Scheiben geschnitten

Zubereitung

Weckmehl, Mehl, Salz und Pfeffer in einem tiefen Teller gut vermischen. Die Schnitzel darin wenden.
In einer Pfanne das Olivenöl erhitzen und die Schnitzel auf beiden Seiten goldbraun braten. In der Pfanne zur Seite legen. Jetzt kommen die Zwiebeln in die Pfanne, bis sie glasig sind. Mit Wein ablöschen. Die Olivenscheiben dazu und aufkochen lassen. Die Schnitzel wieder in die Pfannenmitte legen und mit der Sauce begießen. Heiß servieren. Für Barbecue wird die Sauce extra hergestellt und extra gereicht.

Für 4 Personen
Vorbereitungszeit: 15 Minuten
Bratzeit: 25 Minuten

Schweinefleischwürfel mit Bataten

Bataten sind delikat schmeckende Süßkartoffeln, die bei uns in einschlägigen Geschäften zu haben sind. In Mexiko nimmt man zu diesem Gericht grüne Tomaten. Sie lassen sich durch Fleischtomaten ersetzen.

Zutaten
80 g Schmalz
1,5 kg Schweinefleisch, in mundgerechte Würfel geschnitten
Salz und Pfeffer
3 mittelgroße Zwiebeln, gewürfelt
1 l Wasser oder Bouillon
1 TL Korianderpulver
1 TL Zimtpulver
2 Knoblauchzehen, zerdrückt
1/2 TL Chilipulver
2 Fleischtomaten, enthäutet und gewürfelt
2-3 mittelgroße Bataten (Süßkartoffeln), geschält und gewürfelt
200 g frische Ananas, gewürfelt

Zubereitung
Im heißen Schmalz die Schweinefleischwürfel scharf anbraten. Salzen, pfeffern und die Zwiebel zufügen. Mit Wasser oder Bouillon auffüllen. Die Gewürze unterrühren und 45 Minuten köcheln lassen (im Schnellkochtopf 25 Minuten). Anschließend die Tomaten und Bataten dazugeben und weitere 15 Minuten köcheln lassen oder so lange, bis das Fleisch und die Bataten weich und zart sind. Zum Schluß die Ananaswürfel unterheben und durchziehen lassen. Der Eintopf schmeckt aufgewärmt am besten.

Für 6 bis 7 Personen
Vorbereitungszeit: 25 Minuten
Kochzeit: 75 Minuten

Foto:

Truthahnbrust mit Früchten

Rezept siehe S. 97

Truthahnbrust mit Früchten

Zum Truthahn ißt man gern Tamales, Reis oder Bohnenbrei. Auch Bataten (Süßkartoffeln) sind eine beliebte Variante. Zu gebratenem Truthahn wird gern Mole (s. S. 32) gegessen. Besonders beliebt ist der Truthahn als Weihnachtsessen.

Zutaten
1 Truthahnbrust (oder Puter), bratfertig vorbereitet
80 g Margarine
Salz, Pfeffer und süßer Paprika
2 Kochbananen oder handelsübliche Bananen, in Stücke geschnitten
150 g Sauerkirschen, ohne Saft
1 Chili, entkernt und in feine Ringe geschnitten
2 Lauchzwiebeln, in Stückchen geschnitten
2 Mangos, halbiert, geschält, entsteint und in Würfel geschnitten
4 EL Sonnenblumenkerne
5 Nelken
2 Stücke Zimt
300 ml Bouillon (evtl. Bouillonwürfel auflösen)

Zubereitung
Den Ofen vorheizen.
Die Truthahnbrust mit Salz, Pfeffer und süßem Paprika einreiben. Mit der Hautseite im Bräter nach unten legen. Die Hälfte der Margarine auf dem Fleisch plazieren und mit etwas heißer Bouillon angießen. Nach ca. 35 Minuten wenden und die restliche Margarine auf der Hautseite verteilen. Weiter braten, bis die Truthahnbrust goldbraun wird. Dann die Früchte, den Chili, die Lauchzwiebeln, die Sonnenblumenkerne, die Nelken und den Zimt um den Braten plazieren, fertig braten, bis die Truthahnbrust zart und weich ist. Weitere Bouillon angießen.

Den Braten in Scheiben schneiden, auf einer Platte anrichten. Die Beilagen um das Fleisch legen und mit dem Bratensud übergießen.

Für 6 bis 8 Personen, je nach Größe der Truthahnbrust
Vorbereitungszeit: 30 Minuten
Bratzeit: 90 Minuten

Wildschwein-Eintopf

Zu diesem Gericht kann statt des Wildschweinfleisches auch Schweinefleisch verwendet werden. In Mexiko nimmt man grüne Tomaten für den Eintopf, was diesem Gericht ein ganz besonderes Geschmacksaroma verleiht. In folgendem Rezept werden sie durch Fleischtomaten ersetzt.

Zutaten

1 kg Wildschwein, aus der Keule geschnitten
4 EL Öl
2 mittelgroße Zwiebeln, in halbe Ringe geschnitten
1 TL Salz
3/4 l Wasser oder Bouillon
2 Chilis, in Ringe geschnitten
1 Zucchini, gewürfelt
1 Fleischtomate, enthäutet und gewürfelt
3 Knoblauchzehen, fein gewürfelt
1/2 TL Oreganopulver
1 TL Kümmel
4 Nelken
2 Stücke Zimt
4 grüne Pfefferkörner
1 Becher Crème fraîche

Zubereitung

Das Fleisch in mundgerechte Stücke schneiden. Im Öl scharf anbraten. Die Zwiebeln und das Salz dazu. Öfter gut wenden. Mit Wasser oder Bouillon auffüllen und 45 Minuten leicht kochen lassen (im Schnellkochtopf 25 Minuten.) Anschließend kommen das Gemüse und die Gewürze dazu. Weitere 20 Minuten köcheln lassen oder so lange, bis das Fleisch zart ist. Vor dem Servieren Nelken und Zimtstückchen entfernen und die Crème fraîche unterziehen. Heiß servieren.

Für 4 Personen
Vorbereitungszeit: 25 Minuten
Garzeit: 75 Minuten

Gebäck und Brote

Pan con arroz — Brot mit Reis

Die Rancheros, die Farmer, backen dieses Brot besonders gern. Auf den Farmen im nördlichen Mexiko erhielt die Autorin das folgende Rezept:

Zutaten
150 g Maismehl
60 g Weizenmehl
1 TL Salz
1 Päckchen Backpulver
300 ml Milch
2 Eier
3-4 EL Olivenöl
300 g gekochter Reis
1 Dose Mais, 285 g Einwaage, abgetropft
3 Zwiebeln, fein gehackt
2 EL Chilis aus dem Glas, fein gehackt
250 g Emmentaler Käse, fein geraspelt

Zubereitung
Das Maismehl und das Weizenmehl, das Backpulver und das Salz in einer großen Schüssel gut miteinander vermischen. Die weiteren Zutaten nacheinander dazugeben und gut durcharbeiten. Es empfiehlt sich, eine Küchenmaschine zu benutzen. Den Ofen vorheizen. Die Backform einfetten und mit etwas Mehl auspudern. Den Teig einfüllen und bei 200 °C ca. 45 Minuten backen.

Die Menge ergibt ein Brot von ca. 600 g
Vorbereitungszeit: 20 Minuten
Backzeit: 60 Minuten

Buñuelos

Los Buñuelos sind kleine, flache Küchlein, die gern zum Kaffee gereicht werden. Sie werden in Sirup (beliebt ist vor allem der Ahornsirup) gedippt.

Zutaten
250 g Mehl
1/2 Päckchen Backpulver
1/4 TL Salz
1 EL brauner Zucker
1 Ei
30 g Butter, geschmolzen
etwa 6-7 EL Milch
Öl oder Schmalz zum Ausbacken

Für den Sirup:
400 ml Wasser
120 g brauner Zucker
5 EL Sherry
1/2 TL Zimtpulver oder nach Geschmack

Zubereitung
Die Zutaten gut miteinander vermischen und soviel Milch dazugeben, daß ein geschmeidiger Teig entsteht, der nicht kleben darf. Mit angefeuchteten Händen etwa acht Kugeln formen, die eine Stunde ruhen sollen.
Inzwischen den Sirup zubereiten. Alle Zutaten in einem Topf unter ständigem Rühren zum Kochen bringen, 30 Minuten köcheln lassen, bis ein Sirup entsteht.
Jetzt in einer Friteuse das Fett erhitzen, die Teigkugeln flach drücken und ausbacken.

Die Menge ergibt etwa 8 Kugeln
Vorbereitungszeit: 30 Minuten, ohne Ruhezeit des Teiges
Back- und Kochzeit: 40 Minuten

Festtagsring

Dieser Kuchen wird am 6. Januar zum Fest „Rosca de Reyes“ (Heilige Drei Könige) gebacken.

Zutaten

1 Würfel Hefe
150 ml lauwarme Milch
500 g Mehl
1 Prise Salz
100 g Zucker
150 g Butter
2 Eier
5 Eigelbe
1 abgeriebene Zitronenschale
2 EL Orangenblütenwasser (in der Apotheke erhältlich)
3 EL flüssige Butter, zum Bestreichen
Puderzucker

Zubereitung

Die Hefe in einer halben Tasse lauwarmer Milch auflösen. Anschließend das Mehl in eine Schüssel geben. In die Mitte eine Vertiefung drücken und die aufgelöste Hefe einfüllen. Leicht mit Mehl überziehen und an einem warmen Ort 30 Minuten gehen lassen.

Die weiteren Zutaten dazugeben und gründlich zu einem glatten Teig schlagen, bis sich der Teig von der Schüssel löst. Eventuell kann noch etwas Mehl darunter gearbeitet werden. Eine Kugel formen und wieder 20 Minuten gehen lassen.

Den Ofen vorheizen und das Backblech einfetten oder mit Backpapier auslegen.

Den Teig zu einem Ring formen und auf dem Backblech ca. 30 bis 40 Minuten goldbraun backen. Anschließend den warmen Kuchen mit soviel flüssiger Butter bestreichen wie er aufnimmt, dann mit Puderzucker dick bestreuen.

Die Menge ergibt einen Kuchen von ca. 700 g
Vorbereitungszeit: 1 1/4 Stunden, mit Ruhezeiten des Teiges
Backzeit: 50 Minuten

Gebäck mit Bataten/Süßkartoffeln

Bataten oder Süßkartoffeln sind in fast allen einschlägigen Geschäften zu haben. Mit Zucker verarbeitet, entfalten sie ein besonders delikates Aroma.

Zutaten
500 g Bataten, gekocht und durchgepreßt
4 Eier
150 g Puderzucker
400 g Mandeln, fein geraspelt
1 TL Vanilleextrakt
1 Messerspitze Salz
3 EL Puderzucker

Zubereitung
Die Bataten/Süßkartoffeln in eine Schüssel geben. Eier und Zucker schaumig schlagen und unter die Bataten mischen. Dann kommen die Mandeln und die Gewürze dazu. Es soll ein fester, formbarer Teig entstehen. Man kann die Konsistenz mit Mehl noch korrigieren! Mit nassen Händen 3-4 cm große Kugeln formen.
Den Ofen vorheizen und das Backblech einfetten oder mit Backpapier auslegen.
Die Kugeln im Puderzucker wälzen, auf das Backblech legen und bei 150 °C ca. 15 Minuten mehr trocknen als backen.

Die Masse ergibt ca. 10 bis 12 Kugeln
Vorbereitungszeit: 50 Minuten, mit dem Kochen der Bataten
Backzeit: 25 Minuten

Kakaoküchlein aus der Form

Diese Küchlein eignen sich gut zum Servieren auf Portionstellern. Werden sie als Nachtisch gereicht, sieht es besonders hübsch aus, wenn sie mit Mangoscheiben umlegt und mit Puderzucker überstreut werden.

Zutaten
150 g Butter
150 g brauner Zucker
500 g Mehl
4 Eier, getrennt
1 Päckchen Backpulver
1 Päckchen Vanillezucker
150 ml Milch
125 g dunkes Kakaopulver
1 Prise Salz

Die Menge ergibt einen Kuchen von ca. 800 g
Kuchen- oder kleine Auflaufförmchen
warme Butter zum Ausstreichen der Formen

Zubereitung
Die Butter und den Zucker schaumig rühren, die Eigelbe dazugeben und weiter schaumig schlagen. Das Mehl mit dem Backpulver vermischen und unter ständigem Rühren — falls keine Küchenmaschine verwendet wird — das Mehl nach und nach dazugeben. Jetzt kommen die übrigen Zutaten in den Teig. Am Schluß das zu Eischnee geschlagene Eiweiß unterheben. Der Teig soll glatt und geschmeidig sein.
Den Ofen vorheizen.
Die vorbereiteten Förmchen oder die Kuchenform zu 3/4 füllen und bei 180 °C etwa 25 Minuten backen. Kurz vor dem Erkalten aus den Förmchen oder der Form nehmen.

Vorbereitungszeit: 20 Minuten
Backzeit: 35 Minuten

Pan de Pascua — Osterbrot

Dieses Brot wird nur zu Ostern gegessen. Nicht nur in Mittelamerika, auch in Südamerika fand die Autorin eine Vielzahl von Osterbrotvariationen. Für das nachfolgende Rezept empfiehlt sich das Backen eine Woche vor Ostern. Das Brot sollte an einem kühlen Ort, wenn möglich in einem Keramikgefäß, bis Ostern aufbewahrt werden.

Zutaten
1 Würfel Hefe
4 EL warme Milch
2 EL Zucker

400 g Mehl
200 g Butter, Zimmertemperatur
4 Eier
250 g Emmentaler Käse, fein geraspelt
1 Zwiebel, sehr fein gehackt
1 TL Salz
1 TL Chilipulver
1 EL Minze, möglichst frisch, grob gehackt
1 EL Petersilie, gehackt

4 EL warme Butter zum Bestreichen

Zubereitung
Die Hefe in der Milch mit dem Zucker auflösen. In eine Schüssel das Mehl geben, eine Vertiefung in die Mitte drücken und die aufgelöste Hefe hinein geben. Leicht mit Mehl überziehen und 30 Minuten gehenlassen. Dann kommen langsam und unter ständigem Kneten (am besten mit der Küchenmaschine) die übrigen Zutaten dazu. Gut durcharbeiten. Den Teig zu einer Kugel formen und wieder 20 Minuten gehenlassen.

Den Ofen vorheizen. Den Teig in eine gefettete Kastenform füllen und bei 200 °C etwa 45 Minuten goldbraun backen.
Das noch warme Brot mit reichlich Butter bestreichen, wobei das Brot mit einer Gabel tief angestochen werden soll, damit viel Butter aufgenommen wird.

Die Menge ergibt ein Brot von 800 g
Vorbereitungszeit: 30 Minuten, ohne Gehzeit des Hefeteiges
Backzeit: 60 Minuten

Pinienkern-Pastete

Die Füllung dieser Pastete kann variiert werden, indem statt Pinienkernen Mandeln, Nüsse oder geraspelte Kokosnuß verarbeitet wird. Statt einer Kuchenform können auch kleine Teigtaschen verarbeitet werden, die entsprechend gefüllt werden. Diese können im Ofen gebacken oder in der Friteuse ausgebacken werden.

Zutaten
Für den Teig:
300 g Mehl
150 g Butter in Flöckchen, Zimmertemperatur
3 Eier
1 TL Salz
2 EL Zucker
1 Päckchen Backpulver

Für die Füllung:
350 g Pinienkerne
200 g Zucker
125 ml Sahne
1 TL Zimtpulver
4 EL Rum

Puderzucker

Zubereitung
Alle Zutaten für den Teig werden auf einer Arbeitsplatte zu einem glatten Teig verarbeitet, der sehr gut durchgearbeitet werden muß. 1 bis 2 Stunden kalt stellen. In zwei Hälften teilen. In einer gefetteten Kuchenform die eine Hälfte am Boden gleichmäßig andrücken und den Rand hochziehen. Inzwischen die Füllung herstellen.

Die Zutaten der Füllung in einem Topf auf mittlerer Hitze zum Kochen bringen. Eventuell etwas Wasser angießen und 2 Minuten köcheln lassen. Etwas auskühlen lassen und die Masse in die Form füllen.
Den restlichen Teig der Kuchenform entsprechend ausrollen und die Kuchenform damit abdecken. Den Teig mit der Gabel öfter einstechen und zum Schluß mit Wasser bestreichen. Bei 200 °C 50 Minuten backen. Vor dem Servieren dick mit Puderzucker bestreuen.

Für ca. 5 Personen
Vorbereitungszeit: 35 Minuten, ohne Ruhezeit des Teiges
Backzeit: 60 Minuten

Pan con Jamón — Schinkenbrot

Dieses Brot ist delikat. Im Norden des Landes wird es gern von der indianischen Bevölkerung auf den Dörfern gebacken. Auch im Süden der Vereinigten Staaten fand die Autorin dieses Rezept abgewandelt wieder.

Zutaten

6 große Scheiben Schinken, auch Schinkenspeck, fein gewürfelt
80 g Margarine
400 g Mehl
2 EL brauner Zucker
1 TL Salz
1 Päckchen Backpulver
2 Eier
150 ml Buttermilch

Zubereitung

Den Schinken in der Margarine auslassen. Beiseite stellen. Alle trockenen Zutaten vermengen. Die Eier, die Buttermilch und den ausgelassenen Schinken zufügen und einen gut durchgearbeiteten Teig herstellen. Es empfiehlt sich, eine Küchenmaschine zu benutzen. Den Ofen vorheizen. Den Teig in eine gefettete Kastenform füllen und bei 200 °C etwa 45 Minuten backen.

Die Menge ergibt ein Brot von ca. 700 g
Vorbereitungszeit: 20 Minuten
Backzeit: 50 Minuten

Schinkenbrot mit Oliven

Hier eine interessante Abwandlung des beliebten Schinkenbrotes. In Querétaro fand die Autorin das folgende Rezept. Hier im Original:

Zutaten

1 Würfel Hefe
1/2 Tasse warmes Wasser

300 g Weizenmehl
200 g Maismehl
3 EL Rohrzucker
1 TL Salz
1 TL Zwiebelsalz
1 TL Chilipulver
100 g Butter
150 ml Milch
85 g Oliven ohne Kerne, grob gewürfelt
6 Scheiben Schinkenspeck, gewürfelt
2 Eier, leicht verquirlt

Zubereitung

Die Hefe in dem warmen Wasser gut auflösen.
Das Weizen- und das Maismehl in einer großen Schüssel gut mischen. In die Mitte eine Vertiefung drücken und die Hefe einfüllen. Mit Mehl leicht überziehen und an einem warmen Ort 30 Minuten gehenlassen. Inzwischen den Schinken in der Butter auslassen. Zu dem Mehl geben und langsam durchkneten. Die übrigen Zutaten und die Gewürze nacheinander zugeben und weiter gut durchkneten. Es empfiehlt sich, eine Küchenmaschine zu benutzen. Ein glatter Hefeteig soll erarbeitet werden. Es kann etwas Milch zugefügt werden. Eine Kugel formen und den Teig wieder an einem warmen Ort

30 Minuten gehenlassen. Den Ofen vorheizen. Die Kastenform einfetten. Den Teig in die entsprechende Kastenform geben und bei 200 °C etwa 50 Minuten backen.

Die Menge ergibt ein Brot von ca. 800 g
Vorbereitungszeit: 20 Minuten
Backzeit: 60 Minuten

Foto:

Melocotón jojutla — Fritierte Pfirsiche

Rezept siehe S. 119

Schmalzgebackenes

Zutaten
250 g Schweineschmalz
100 g Puderzucker
2/10 l Tequila
400 g Mehl
1 TL Vanilleextrakt
evtl. etwas Wasser

Puderzucker zum Bestreuen

Zubereitung
Das Schmalz schaumig rühren, den Puderzucker dazugeben. Wieder gut durcharbeiten. Dann kommen der Tequila, das Mehl und das Vanilleextrakt dazu. Gut durcharbeiten. Der Teig soll gut knetbar sein. Ist er zu fest, kann etwas Wasser zugegeben werden. Eine Stunde ruhen lassen. Inzwischen das Backblech einfetten oder mit Backpapier auslegen. Den Ofen vorheizen. Den Teig 1 cm dick ausrollen und in serviergerechte Quadrate schneiden, die auf dem Backblech bei 180 °C 10 bis 15 Minuten goldbraun gebacken werden. Mit Puderzucker bestreuen, lauwarm servieren.

Die Menge ergibt einen Teig von ca. 750 g
Vorbereitungszeit: 20 Minuten, ohne Ruhezeit des Teiges
Backzeit: 30 Minuten

Zimtkuchen

In einem Land, wo der Zimtbaum wächst, ist das Gewürz aus der geschälten Rinde preiswert und findet in vielen delikaten Speisen reichlich Verwendung.

Zutaten
150 g Butter, Zimmertemperatur
4 Eier, getrennt
150 g brauner Zucker
350 g Weizenmehl
1/2 Päckchen Backpulver
1 TL Zimtpulver
1 TL Vanilleextrakt
1 Messerspitze Salz
evtl. etwas Milch

Puderzucker und Zimtpulver zum Bestreuen

Zubereitung
Die Butter 7 Minuten schaumig rühren. Die Eigelbe und den Zucker zufügen. Weiter gut rühren. Es empfiehlt sich, eine Küchenmaschine zu benutzen. Das Mehl mit dem Backpulver vermischen und löffelweise in die Masse geben. Die Gewürze dazugeben, das Eiweiß zu Schnee schlagen und unter die Masse heben. Ist der Teig zu fest, einige Löffel Milch in den Teig geben. Es soll ein glatter Rührteig entstehen.
Den Ofen vorheizen.
Den Teig in eine gefettete Kuchenform geben und ca. 40 Minuten bei 200 °C backen.
Den fertigen Kuchen aus einer Mischung aus Puderzucker und Zimtpulver dick bestreuen.

Die Menge ergibt einen Kuchen von 700 g
Vorbereitungszeit: 20 Minuten
Backzeit: 50 Minuten

Desserts

Ate — Obstbrei mit Käse

Ate wird der dick eingekochte Obstbrei mit Zucker genannt, der mit Ziegenkäse als Nachtisch gereicht wird.

Zutaten
5-6 Opuntien/Feigenkaktus, geschält
100 g Rohrzucker
4 Scheiben Ziegenkäse, 1 cm dick geschnitten

etwas Kresse zum Dekorieren

Zubereitung
Die Opuntien würfeln und pürieren, mit dem Zucker sehr dick einkochen, etwa 15 Minuten. Zum Auskühlen in eine Kastenform füllen, damit nach dem Erkalten 1 cm dicke Scheiben geschnitten werden können, die auf den Käse gelegt werden. Zum Servieren mit Kresse dekorieren.

Für 4 Personen
Vorbereitungszeit: 10 Minuten
Kochzeit: 20 Minuten

Brotpudding

Brotpuddings gibt es in vielen Küchen der Welt. Hier eine interessante Variante aus den Küchen Mexikos.

Zutaten
Für den Sirup:
1/4 l Wasser
200 g brauner Zucker
2 TL Zimtpulver

50 g Butter
10 Scheiben altbackenes Toastbrot, gewürfelt
50 g Rosinen
100 g Walnüsse, gehackt
200 g Hüttenkäse
125 g Schlagsahne

Zubereitung
Das Wasser zum Kochen bringen und den Zucker darin auflösen. 1 Teelöffel Zimtpulver dazu. 10 Minuten einkochen lassen.
In einer Pfanne die Butter erwärmen und die Toastwürfel darin goldbraun braten, vom Feuer nehmen und den Sirup einrühren. Rosinen, Walnüsse und den Hüttenkäse unterziehen. In einer Servierschüssel anrichten, das restliche Zimtpulver darüberstreuen, und gut auskühlen lassen. Vor dem Servieren mit der Schlagsahne garnieren.

Für 4 bis 5 Personen
Zubereitungszeit: 20 Minuten
Kochzeit: 25 Minuten

Gebratene Bananen

Gebratene Bananen werden besonders von Kindern gern gegessen.

Zutaten

4 Bananen, geschält und längs halbiert
3 TL Butter
172 TL Zimtpulver
Saft einer Orange
2 EL Honig

Zubereitung

In einer Pfanne die Butter zerlaufen lassen und die Bananenhälften etwa 4 Minuten darin anbraten. Zimtpulver und Orangensaft darübergeben. Kurz aufköcheln lassen. Vor dem Servieren den Honig darüberlaufen lassen. Lauwarm servieren. Pro Portion zwei Bananenhälften.

Für 4 Personen
Zubereitungszeit: 10 Minuten
Bratzeit: 10 Minuten

Camotli — Süßkartoffeln mit Guaven

Guaven in Büchsen und Süßkartoffeln/Bataten sind in einschlägigen Geschäften zu haben. Diese delikate Zusammenstellung der Früchte wird Camotli genannt, eine alte Aztekenbezeichnung, die die Mexikaner übernommen haben. Die Camotli-Masse kann auch sehr fest zubereitet werden, um „Zigarren" daraus zu formen, die in Pergament eingewickelt, im Kühlschrank einen Tag ruhen sollen. Vor dem Servieren werden sie dick mit Zuckerguß überzogen.
In einigen Staaten von Mexiko ist es üblich, diese „Zigarren" zu verschenken. Dann wird aus flüssiger Schokolade der Name des Beschenkten darauf geschrieben.

Zutaten
500 g Süßkartoffeln/Bataten, geschält, gekocht und durchgepreßt
100 g Zucker
100 ml Wasser
1 Büchse Guaven, ohne Saft püriert
1 TL Nelkenpulver
Saft 1/2 Zitrone

Zubereitung
Die geschälten Bataten sofort ins Wasser legen und 25 Minuten kochen. In einem anderen Topf den Zucker, der sehr knapp mit Wasser bedeckt sein soll, heiß werden lassen. Sobald sich der Zucker unter Rühren vom Topf abhebt, das Batatenpüree dazugeben und sehr gut durchrühren. Ist die Masse zu fest, etwas Guavensaft unterziehen. Jetzt die Gewürze dazu und gut umrühren. In Portionsschalen füllen, kühl stellen und vor dem Servieren mit beliebigen Früchten garnieren.

Für 5 bis 6 Personen
Vorbereitungszeit: 35 Minuten
Zubereitungszeit: 15 Minuten

Melocotón jojutla — Fritierte Pfirsiche

Zur Pfirsichzeit gibt es kaum einen delikateren Nachtisch als diese fritierten Früchte. In Oaxaca erhielt die Autorin dieses raffinierte Rezept:

Zutaten
12 reife Pfirsiche, gewaschen
1/2 l Pfirsichsaft (Sirup)
150 ml Wasser
2 Eier
4-5 EL Paniermehl
2 EL Mehl
1 Tasse gekochter Reis
1/2 Becher Schlagsahne
2 EL Puderzucker
1/10 ml Curaçao

Fett für die Friteuse
2/10 ml Curaçao

Zubereitung
Den Pfirsichsirup mit dem Wasser verdünnen und in einem großen flachen Topf zum Kochen bringen. Die Pfirsiche 5 bis 7 Minuten darin köcheln lassen. Je nach Größe! Die Früchte öfter dabei wenden, damit sie von allen Seiten in dem Saft zu liegen kommen. Danach herausnehmen und auf Küchenkrepp abtropfen lassen.
In einem tiefen Teller die Eier aufschlagen. In einem anderen Teller das Paniermehl und das Mehl mischen. Das Fett in der Friteuse erhitzen.
Inzwischen die Sahne steif schlagen. Den Puderzucker und den Curaçao dazugeben. Zum Schluß den gekochten Reis unterziehen.

Die Pfirsiche abwechselnd im Ei und im Paniermehl wälzen, und die entstandene Panierschicht gut andrücken. In der Friteuse mittelbraun fritieren. Wieder auf Küchenkrepp abtropfen lassen. Anschließend halbieren und den Kern entfernen. Den Sahnereis in die Vertiefung der Pfirsiche geben. Auf einer Platte anrichten.
Dem Sirup 2/10 ml Curaçao zugeben und die Pfirsiche damit angießen.

Für 4 oder 6 Personen
Vorbereitungszeit: 30 Minuten
Zubereitungszeit: 30 Minuten

Gefüllte Äpfel

Gefüllte Äpfel ißt man auch in Mexiko besonders gerne zur Weihnachtszeit.

Zutaten
85 g Butter
85 g Weizenmehl
85 g Zucker
1 TL Zimtpulver
4 große Äpfel
Saft einer Orange
Saft einer Zitrone
1 Becher Schlagsahne

Zubereitung
Auf einer bemehlten Fläche die Butter in kleine Stückchen schneiden. Die Butter sollte Zimmertemperatur haben. Mehl, Zucker und Zimtpulver dazu und so lange kneten, bis Streusel entstehen. Die Äpfel schälen und großzügig aushöhlen.
Den Ofen vorheizen. Die Auflaufform einfetten. Die Äpfel in die Auflaufform stellen, mit den Streuseln füllen. Den Rest über die Äpfel verteilen. Orangensaft und Zitronensaft angießen und bei 180 °C ca. 40 Minuten backen. Vor dem Servieren die warmen Äpfel mit Schlagsahne garnieren.

Für 4 Personen
Vorbereitungszeit: 20 Minuten
Backzeit: 45 Minuten

Gefüllte Papayas

Am Papayabaum, der mit mehr als 30 Arten im tropischen und subtropischen Amerika vertreten ist, wächst eine der köstlichsten Früchte, die vielfach variiert zubereitet auf den Tafeln des Landes angeboten werden.
Diese Nachspeise kann noch verfeinert werden mit Mandeln oder Nüssen und obenauf mit einer dekorativen Schlagsahnenhaube.

Zutaten
2 Papayas, längs halbiert, Kerngehäuse entfernt
8 EL Sauerkirschen aus dem Glas
4 TL Rum

Zubereitung
Je eine Hälfte der Papayas in ein Kompottschüsselchen legen. In einer Schüssel die Sauerkirschen mit der Gabel grob zerdrücken, mit dem Rum übergießen und etwas ruhen lassen. Vor dem Servieren je zwei Eßlöffel von den Sauerkirschen in die Vertiefung jeder Papayahälfte füllen.

Für 4 Personen
Zubereitungszeit: 15 Minuten

Karamelcreme

Auf dem ganzen amerikanischen Doppelkontinent wird Karamelcreme in verschiedenen Zubereitungen gern gegessen.

Zutaten
100 g Rosinen
2/10 l Rum
1/4 l süße Sahne
3/4 l Milch
3 EL Maizena (Maismehlstärke), reichlich bemessen
1/2 TL Zimtpulver
1/2 TL Nelkenpulver
200 g brauner Rohrzucker
1/4 l Wasser

Zubereitung
Die Rosinen mit Rum übergießen und etwa 1 Stunde durchziehen lassen. Die Sahne mit Milch verrühren, Maizena einquirlen, ebenso die Gewürze und bei leichtem Kochen unter ständigem Rühren zu einer dicken Creme einkochen. Vom Feuer nehmen.
In einem anderen Topf Zucker und Wasser zu einem dicken Sirup einkochen und unter die Milchmischung quirlen. Unter ständigem Rühren etwas köcheln lassen. Jetzt die eingeweichten Rosinen dazu, gut umrühren. In kalt ausgespülten Portionsschüsselchen gut durchgekühlt servieren.

Für 4 bis 6 Personen
Zubereitungszeit: 20 Minuten, ohne Ruhezeit der Rosinen
Kochzeit: 30 Minuten

Kokospudding

In der Landesküche Mexikos werden für diesen Pudding nur frische Kokosnüsse verarbeitet.

Zutaten
150 g Kokosnuß, gemahlen
1/4 l kochendes Wasser
125 g brauner Zucker
3/4 l Milch
4 EL Maizena (Maismehlstärke), evtl. etwas mehr
1 Messerspitze Salz
3 EL Rum

Zubereitung
Die Kokosnuß bei mäßigem Feuer mit dem Wasser ca. fünf Minuten köcheln lassen. In einem anderen Topf Zucker und Milch unter ständigem Rühren erhitzen, bis sich der Zucker aufgelöst hat. Maizena in etwas kaltem Wasser auflösen, zu der Milch gießen. Ebenso die gekochte Kokosnuß, wobei das restliche Wasser vorher abgegossen sein sollte. Aufkochen, gut umrühren und mit Salz und Rum abschmecken. Der Pudding ist zum Stürzen gedacht, daher kann es erforderlich werden, etwas mehr Maizena anzurühren. In einer Puddingschale auskühlen lassen. Mit einer Schokoladensauce oder mit pürierten Früchten servieren.

Für 4 bis 6 Personen
Zubereitung: 15 Minuten
Kochzeit: 20 Minuten

Süßer Kürbis

Der Riesenkürbis (Cucurbita maxima) hat meist 4 m lange Stengel mit einer Riesenfrucht, die 60 bis 100 Kilogramm schwer werden kann. Dieser Kürbis wird bevorzugt zur Herstellung von Kompott und Marmelade verwendet.

Zutaten
1 kg Kürbis, geschält und entkernt
200 ml Wasser
2 TL Vanilleextrakt
300 g brauner Zucker
3 EL Tequila
125 g Schlagsahne

Zubereitung
Den Kürbis in mundgerechte Stücke schneiden. In einen Topf geben. Wasser mit Vanilleextrakt mischen, über die Kürbisstücke gießen und das Ganze mit dem Zucker dick bestreuen. Etwa 40 Minuten im geschlossenen Topf köcheln lassen oder so lange, bis der Kürbis gar ist. Auskühlen lassen. In einer Servierschüssel anrichten, mit dem Tequila übersprengen und mit der Schlagsahne garnieren.

Für 5 Personen
Zubereitungszeit: 15 Minuten
Kochzeit: 50 Minuten

Getränke

Acapulco-Cocktail

Zutaten
4 cl Tequila
4 cl Zitronensaft
2 cl Curaçao
2 cl Crème de Cassis
Sodawasser

Zitronenachtel zum Garnieren
Eiswürfel

Zubereitung
Tequila, Zitronensaft, Curaçao, Crème de Cassis im Shaker mixen. Ein hohes Glas zur Hälfte mit Eiswürfeln füllen. Je nach Geschmack mit der Mischung füllen und mit Sodawasser auffüllen. Mit einem Zitronenachtel am Glasrand garnieren.

Die Menge ergibt ca. 7 Likörgläschen
Zubereitungszeit: 10 Minuten

Alt-Aztekischer Kakao

Dieses Rezept läßt sich bis ins 15. Jahrhundert zurückverfolgen. Es wirkt nach einem langen Arbeitstag belebend, und es schmeckt erstaunlich delikat! In der mexikanischen Küche nimmt man für dieses Rezept allerdings wesentlich mehr Chili, als im Rezept angegeben.

Zutaten
3/4 l Wasser
1 lange Stange Vanille, ca. 8 cm, längs halbiert
1 große grüne Chili, entkernt und in Stücke geschnitten
125 g dunkles Kakaopulver
2 EL Bienenhonig

Zubereitung
Das Wasser mit der Vanille und den Chilistückchen 10 bis 15 Minuten köcheln lassen. Den Kakao mit etwas Wasser anrühren und zum kochenden Wasser laufen lassen. Aufkochen lassen. Die Vanille herausnehmen und das Getränk mit dem Mixstab so fein pürieren, daß von den Chilistückchen nichts mehr zu spüren ist. Anschließend den Honig einquirlen. Das Kakaogetränk soll obenauf eine Schaumkrone haben.

Für ca. 5 Tassen
Zubereitungszeit: 10 Minuten
Kochzeit: 15 Minuten

Café de la Olla

In den Bergen von St. Christobal wird der Café auf folgende Weise zubereitet: In ein Glas wird zuerst ein landesüblicher Likör gegossen, dann kommt der Café dazu, und als Abschluß wird eine Sahnehaube darauf gesetzt. Der Likör ist bei uns nicht zu bekommen, aber allein diese Café-Zubereitung sollte probiert werden. Wer möchte, kann Eierlikör als Ersatz für den landesüblichen Likör verwenden.

Zutaten
7 TL gemahlener Kaffee
1 TL Zimtpulver
4 TL brauner Zucker
1 l Wasser

Zubereitung
Die Zutaten mischen und zwei Minuten aufkochen lassen. Durch ein Haarsieb gießen und mit Schlagsahne reichen.

Für 6 Tassen
Zubereitungszeit: 7 Minuten

Foto:
Cocktail aus Yucatán
Rezept siehe S. 130

Champurrada

Diese Champurrada-Zubereitung stammt aus dem Jahre 1920. Im Café Melendez in Torreón, wo es auch delikate Tamales gibt, fand die Autorin folgendes Rezept:

Zutaten
2 Tassen Wasser
1 dünne Schale einer ungespritzten Orange
4 Stck. Stangenzimt, ca. 4 cm lang
2 EL Rohrzucker
4 Tassen Milch
80 g dunkles Kakaopulver
2 EL Maisstärke

Zubereitung
In einem Topf Wasser die Orangenschale, den Zimt und den Zucker 15 Minuten einkochen. In einem weiteren Topf die Milch, das Kakaopulver und die Maisstärke verquirlen, zum Wasser gießen, 3 bis 5 Minuten aufkochen lassen und heiß servieren. Zuvor die Zimtstücke und die Orangenschale entfernen.

Für 5 Tassen
Zubereitungszeit: 10 Minuten
Kochzeit: 10 Minuten

Cocktail aus Yucatán

Zutaten
5 cl Ananassaft
3 cl Pfefferminzlikör
5 cl Tequila

5 Würfelchen einer Ananasscheibe
5 Maraschinokirschen
einige Cocktailstäbchen
Eiswürfel

Zubereitung
Den Ananassaft, den Pfefferminzlikör und den Tequila im Shaker mixen. Je einen Ananaswürfel und eine Maraschinokirsche auf ein Stäbchen spießen. In jedes Glas einen Eiswürfel geben. Mit dem Cocktail auffüllen und mit einem Fruchtstäbchen garnieren.

Für 5 Personen
Zubereitungszeit: 10 Minuten

Heißer mexikanischer Kakao

Der Kakaobaum wurde schon in prähistorischer Zeit im mittel- und südamerikanischen Raum von Indianern kultiviert. Die Kakaobohnen galten in indianischen Kulturen vor der spanischen Eroberung als Zahlungsmittel.

Zutaten
1/2 l Milch
75 g dunkles Kakaopulver
3 EL Rohrzucker
1/2 TL Zimtpulver
1/2 TL Vanilleextrakt
1 Messerspitze Salz
1 Becher Sahne (125 g)

Zubereitung
Die Milch zum Kochen bringen. In einer Schüssel die trockenen Zutaten vermengen, unter schnellem Schlagen mit dem Schneebesen in die heiße Milch rühren und aufkochen lassen. Vom Herd nehmen, das Vanilleextrakt und die Sahne unterrühren.

Für 4 bis 5 Personen
Zubereitungszeit: 10 Minuten
Kochzeit: 10 Minuten

Horchata

La Horchata ist ein milchig aussehendes Getränk, das von den Spaniern nach Mexiko gebracht wurde. Besonders beliebt ist la Horchata in Yucatán. Dort wird das Getränk auf der Basis von rohem Reis mit einigen Mandeln angesetzt. Allgemein bekannt ist La Horchata nach folgendem Rezept:

Zutaten

1 Scheibe Fruchtfleisch einer Wassermelone
1 EL brauner Zucker
1/2 — 1 EL Zitronensaft
1 Glas Sodawasser

Zubereitung

Aus der Melonenscheibe die Kerne entfernen. Im Mixer pürieren. Zitronensaft und Zucker im Shaker mischen, mit dem Fruchtfleisch auffüllen und über Eiswürfel servieren.

Für 1 bis 2 Drinks
Zubereitungszeit: 10 Minuten

Landesüblicher Kaffee

Der Kaffeegenuß wurde erst nach der Eroberung Amerikas populär. Heute sind Kolumbien und Brasilien die größten Kaffeeproduzenten der Welt.

Zutaten
150 g Rohrzucker
1 l Wasser
6 EL gemahlener Kaffee
evtl. 1 Likörglas Rum
evtl. 1 TL Vanilleextrakt

Zubereitung
Den Zucker mit dem Wasser so lange kochen, bis sich der Zucker gut aufgelöst hat. Das Kaffeepulver dazugeben und 1 bis 2 Minuten köcheln lassen. Vom Herd nehmen und 5 Minuten ziehen lassen. Durch ein feines Haarsieb in eine vorgewärmte Kaffeekanne gießen. Je nach Geschmack kann der Kaffee verfeinert und variiert werden, mit Rum, Vanilleextrakt oder mit beiden Zutaten zusammen.

Für ca. 6 Tassen
Zubereitungszeit: 5 Minuten
Kochzeit: 10 Minuten

Tepache — ein Ananasgetränk

Im Staat Jalisco wird dieses leicht gärende Getränk aus Ananas und Bier gebraut und an heißen Tagen gern eiskalt getrunken. Es wird auch auf Eiswürfel serviert.

Zutaten

1 sehr reife Ananas, ca. 1 kg schwer
1 TL Nelkenpulver
3 TL Zimtpulver
2 l Wasser
500 g brauner Zucker
1 Flasche helles Bier (0,33 l)

Zubereitung

Die Ananas, von Schale und Strunk befreit, wird in etwa 2 X 2 cm große Stücke geschnitten. In einer zugedeckten Schüssel oder einem Topf werden die Ananasstücke mit 1 1/2 l Wasser und 5 EL Zucker verrührt und an einem warmen Ort oder in der Sonne zum Gären angesetzt. Je nach Temperatur sollte der Gärvorgang am 3. Tag beendet werden.

In einem Topf das restliche Wasser mit dem restlichen Zucker ca. 15 Minuten einkochen lassen. Die Gewürze dazugeben, gut umrühren und auskühlen lassen. Jetzt die Ananasgärung und das Bier dazugeben. Wieder an einem warmen Ort zur Gärung stehen lassen. Nicht länger als 2 Tage.

Die Tepache durch ein Haarsieb gießen und sehr kalt servieren.

Die Menge ergibt ca. 3 Liter Flüssigkeit
Zubereitungszeit: ca. 15 Minuten

Tequila-Cocktail

Tequila ist ein typischer Landesschnaps, der aus der Maguay-Agave hergestellt wird.

Zutaten
4 cl Tequila
3 cl Zitronensaft
1-2 Gläser Sekt

Zitronenachtel
grobes Salz

Zubereitung
Die Gläserränder mit einem Zitronenachtel einreiben und in grobes Salz tauchen, damit das Salz beim Trinken zum Geschmack beiträgt.
Tequila mit Zitronensaft mischen und mit dem Sekt auffüllen. In Sektkelchen servieren.

Die Menge ergibt ca. 2-3 Gläser Sekt
Zubereitungszeit: 10 Minuten

Register